Guia de Conversação

Alemão
para leigos

Guia de Conversação

Alemão
para leigos

Paulina Christensen, Ph.D.

Anne Fox

ALTA BOOKS
E D I T O R A
Rio de Janeiro, 2018

Guia de Conversação Alemão Para Leigos®
Copyright © 2018 da Starlin Alta Editora e Consultoria Eireli. ISBN: 978-85-508-0231-2

Translated from original German Phrases For Dummies®. Copyright © 2005 by Wiley Publishing, Inc. ISBN 978-07645-9553-0. This translation is published and sold by permission of John Wiley & Sons, Inc., the owner of all rights to publish and sell the same. PORTUGUESE language edition published by Starlin Alta Editora e Consultoria Eireli, Copyright © 2018 by Starlin Alta Editora e Consultoria Eireli.

Todos os direitos estão reservados e protegidos por Lei. Nenhuma parte deste livro, sem autorização prévia por escrito da editora, poderá ser reproduzida ou transmitida. A violação dos Direitos Autorais é crime estabelecido na Lei nº 9.610/98 e com punição de acordo com o artigo 184 do Código Penal.

A editora não se responsabiliza pelo conteúdo da obra, formulada exclusivamente pelo(s) autor(es).

Marcas Registradas: Todos os termos mencionados e reconhecidos como Marca Registrada e/ou Comercial são de responsabilidade de seus proprietários. A editora informa não estar associada a nenhum produto e/ou fornecedor apresentado no livro.

Impresso no Brasil — 1ª Edição, 2018 — Edição revisada conforme o Acordo Ortográfico da Língua Portuguesa de 2009.

Publique seu livro com a Alta Books. Para mais informações envie um e-mail para autoria@altabooks.com.br

Obra disponível para venda corporativa e/ou personalizada. Para mais informações, fale com projetos@altabooks.com.br

Produção Editorial Editora Alta Books	**Gerência Editorial** Anderson Vieira	**Marketing Editorial** Silas Amaro marketing@altabooks.com.br	**Gerência de Captação e Contratação de Obras** autoria@altabooks.com.br	**Vendas Atacado e Varejo** Daniele Fonseca Viviane Paiva comercial@altabooks.com.br
Produtor Editorial Thiê Alves	**Produtor Editorial (Design)** Aurélio Corrêa		**Ouvidoria** ouvidoria@altabooks.com.br	
Assistente Editorial Juliana de Oliveira				
Equipe Editorial	Bianca Teodoro	Ian Verçosa	Illysabelle Trajano	Renan Castro
Tradução Samantha Batista	**Copidesque** Carolina Gaio	**Revisão Gramatical** Alessandro Thomé Thamiris Leiroza	**Revisão Técnica** Edite Siegert	**Diagramação** Joyce Matos

Erratas e arquivos de apoio: No site da editora relatamos, com a devida correção, qualquer erro encontrado em nossos livros, bem como disponibilizamos arquivos de apoio se aplicáveis à obra em questão.

Acesse o site www.altabooks.com.br e procure pelo título do livro desejado para ter acesso às erratas, aos arquivos de apoio e/ou a outros conteúdos aplicáveis à obra.

Suporte Técnico: A obra é comercializada na forma em que está, sem direito a suporte técnico ou orientação pessoal/exclusiva ao leitor.

A editora não se responsabiliza pela manutenção, atualização e idioma dos sites referidos pelos autores nesta obra.

Dados Internacionais de Catalogação na Publicação (CIP) de acordo com ISBD

C554f   Christensen, Paulina

        Guia de conversação Alemão para leigos / Paulina Christensen, Phd Anne Fox; traduzido por Samantha Batista. - Rio de Janeiro : Alta Books, 2018
        220 p. ; 12cm x 17cm.

        Tradução de: German Phrases For Dummies
        Inclui índice.
        ISBN: 978-85-508-0231-2

        1. Línguas. 2. Idioma. 3. Alemão. I. Fox, Phd Anne. II. Batista, Samantha. III. Título.

                                CDD 430
2018-93   CDU 811.112.2

Elaborado por Vagner Rodolfo da Silva - CRB-8/9410

Rua Viúva Cláudio, 291 — Bairro Industrial do Jacaré
CEP: 20.970-031 — Rio de Janeiro (RJ)
Tels.: (21) 3278-8069 / 3278-8419
www.altabooks.com.br — altabooks@altabooks.com.br
www.facebook.com/altabooks — www.instagram.com/altabooks

Sobre as Autoras

Paulina Christensen é escritora, editora e tradutora há quase dez anos. É graduada em inglês e literatura alemã e desenvolveu, escreveu e editou vários livros-texto de língua alemã e guias de professores para a Berlitz International. Seu trabalho como tradutora varia de arte e novas mídias até ficção científica (revista *Starlog*). Ela trabalha ocasionalmente como intérprete juramentada e faz consultoria e interpretação em conferências educacionais, bem como voice-overs para vídeos educacionais e CD-ROMs. Christensen é mestre e doutora pela Universidade Düsseldorf, Alemanha, e ensina nas Escolas de Idiomas Berlitz, na Universidade de Nova York e em Fordham.

Anne Fox é tradutora, editora e escritora há doze anos. Ela estudou na Escola de Intérpretes de Zurique, Suíça, e tem graduação em tradução. Suas várias tarefas a levaram ao espaço sideral, hiperespaço e a todo o mundo. Ela também ensinou nas Escolas de Idiomas Berlitz e trabalhou como revisora jurídica e técnica nos departamentos editoriais de vários escritórios de advocacia. Ultimamente tem desenvolvido, escrito e editado livros didáticos de alunos e guias de professores para a Berlitz.

Sumário Resumido

Introdução 1

CAPÍTULO 1: Como Se Fala? Falando Alemão 5

CAPÍTULO 2: Gramática de Dieta: Só o Básico 21

CAPÍTULO 3: Sopa Numérica: Contagem de Todos os Tipos. . . .49

CAPÍTULO 4: Fazendo Novos Amigos e Jogando Conversa Fora. .67

CAPÍTULO 5: Saboreando uma Bebida e
   um Lanche (ou Refeição!). 87

CAPÍTULO 6: Comprando até Cansar 103

CAPÍTULO 7: Priorizando o Lazer. 121

CAPÍTULO 8: Quando Você Precisa Trabalhar. 139

CAPÍTULO 9: Movimentando-se: Transportes. 151

CAPÍTULO 10: Um Lugar para Deitar Sua Cabeça Cansada . . . 173

CAPÍTULO 11: Lidando com Emergências 183

CAPÍTULO 12: Dez Expressões Alemãs Favoritas 197

CAPÍTULO 13: Dez Frases para Parecer um Nativo 201

Índice 205

Sumário

INTRODUÇÃO 1

    Sobre Este Livro 1

    Convenções Usadas Neste Livro 2

    Penso que... 3

    Ícones Usados Neste Livro 3

    De Lá para Cá, Daqui para Lá 4

CAPÍTULO 1: **Como Se Fala? Falando Alemão** 5

    O Alemão que Você Já Sabe 5

        Parentes próximos (quase cognatos) 5

        Falsos cognatos 7

        Emprestadores e devedores 9

    Falando: Pronúncia Básica 11

        Pronunciando vogais 12

        Pronunciando tremas 13

        Pronunciando ditongos 14

        Pronunciando consoantes 15

        Identificando uma nova letra: ß 16

        Combinações de consoantes 17

    Expressões Populares 18

CAPÍTULO 2: **Gramática de Dieta: Só o Básico** 21

    Observando os Tipos de Palavras 21

        Substantivos 21

        Adjetivos 23

        Verbos 24

        Advérbios 25

    Entendendo Construções Simples de Frases 25

        Organizando palavras na ordem certa 26

Cláusulas independentes:
Colocando o verbo em segundo lugar 26
Cláusulas dependentes: Jogando o verbo para o final 27
Formando perguntas. 27
Os Tempos: Presente, Passado e Futuro 28
Observando o presente 28
Falando sobre o passado: Usando o tempo perfeito 29
Escrevendo sobre o passado:
Usando o passado simples. 34
Falando sobre o futuro 35
Ficando Descolado: Verbos Reflexivos e Separáveis 37
Voltando para você: Verbos reflexivos 37
Sabendo quando separar seus verbos. 39
Colocando o Idioma no Caso Certo. 40
Caso nominativo. 41
Caso acusativo 41
Caso dativo 41
Caso genitivo. 41
Por que todos os casos são importantes. 42
Sendo Formal ou Informal 47

CAPÍTULO 3: Sopa Numérica: Contagem de Todos os Tipos . . 49

1, 2, 3: Números Cardinais 49
O Primeiro, o Segundo, o Terceiro e Assim por Diante 52
Dizendo as Horas 54
Falando as horas do jeito "antigo": 1 a 12 54
Usando a rotina de 24 horas: 0 a 24. 55
Períodos do dia. 56
Segunda, Terça: Dias da Semana. 56
Usando o Calendário e as Datas 59
Cobrindo as unidades do calendário 59
Os nomes básicos dos meses 59
Descrevendo eventos em meses específicos 60
Nomeando épocas específicas nos meses 60
Acompanhando as datas. 61

X   **Guia de Conversação Alemão Para Leigos**

Grana, Grana, Grana 63

    Câmbio de moedas 63

    Indo ao caixa eletrônico 65

CAPÍTULO 4: Fazendo Novos Amigos e Jogando Conversa Fora 67

Olá! Cumprimentos e Apresentações 68

    Dizendo oi e tchau 68

    Perguntando "Como vai você?" 69

    Respondendo a "Como vai você?" 69

    Apresentando a si mesmo e aos outros 70

Então, de Onde Você É? 73

    Perguntando às pessoas de onde são 73

    Entendendo as nacionalidades 75

Que Idiomas Você Fala? 77

Falando sobre Si Mesmo 79

    Descrevendo seu trabalho 79

    Passando seus contatos 81

Falando sobre Sua Família 82

Falando sobre o Clima 85

CAPÍTULO 5: Saboreando uma Bebida e um Lanche (ou Refeição!) 87

Já Está na Hora de Comer? 88

Arrumando a Mesa 90

Indo a um Restaurante 90

    Diferenciando lugares para comer 91

    Fazendo reservas 92

    Tomando seu lugar 94

    Decifrando o cardápio 95

    Fazendo seu pedido 99

    Respondendo a "Você gostou da comida?" 100

Pedindo a Conta 100

CAPÍTULO 6: Comprando até Cansar 103

Indo à Cidade. 103
   Andando pela loja. 104
   Procurando com estilo 106
   Conseguindo ajuda 107
   Comprando com educação 108
Comprando Roupas 108
   Colorindo em alemão 110
   Experimentando. 111
Indo aos Mercados. 114
   Encontrando o que precisa 114
   Pedindo quantidades. 117
Pagando a Conta. 118

CAPÍTULO 7: Priorizando o Lazer 121

Descobrindo o que Você Quer Fazer 121
   Indo ao cinema 122
   Indo ao museu 124
   A plateia vai ao delírio 124
Como Foi o Show? Falando sobre Cultura 126
Indo a uma Festa 128
Falando sobre Hobbies e Interesses. 130
Praticando Esportes. 131
Explorando a Natureza 133
   Saindo e partindo. 133
   Coisas para ver no caminho. 133
   Indo para as montanhas. 134
   Indo para o interior 136
   Indo para o mar 136

CAPÍTULO 8: Quando Você Precisa Trabalhar 139

Ligações Fáceis 139
   Chamando alguém. 140
   Fazendo a ligação 141

Deixando recados. 142
Dizendo tchau. 142
Marcando Compromissos. 144
Enviando uma Carta, Fax ou E-Mail. 146
Enviando uma carta ou cartão-postal. 146
Enviando um fax ou e-mail 148
Passeando pelo Escritório. 148
Dominando sua mesa e materiais. 149
Em outro lugar do escritório... 150

CAPÍTULO 9: Movimentando-se: Transportes 151

Em Movimento: Tipos de Transporte 151
No aeroporto. 152
Na estação de trem 154
Pegando o ônibus. 156
Pegando um táxi. 158
Alugando um carro. 158
Lidando com Passaportes, Vistos e Alfândega 160
Seu passaporte e visto. 160
Passando pela imigração 161
Passando pela alfândega 162
Pedindo Ajuda com Direções 163
Indo para Lá e para Cá. 164
Perguntando "Como Chego Lá?" 165
Descrevendo uma Posição ou Localização 166
Indo para a Direita, Esquerda, Norte, Sul, Leste e Oeste. . . . 167
Movimentando-se. 169
Dirigindo em Alemão 170

CAPÍTULO 10: Um Lugar para Deitar Sua Cabeça Cansada . 173

Procurando um Hotel 173
Reservando Quartos 174
Fazendo Check-in: Nomes, Endereços e
Números de Quartos. 176

Sumário xiii

Por quanto tempo vai ficar? 177
Preenchendo o formulário de registro. 177
Entendendo o jogo da chave 178
Perguntando sobre amenidades e instalações. 179
Fazendo Check-out e Pagando a Conta 181
Pedindo sua conta 181
Partindo do hotel 181

CAPÍTULO 11: **Lidando com Emergências**. 183

Pedindo Ajuda em Acidentes 183
Gritando por ajuda. 184
Relatando um problema 184
Pedindo por ajuda em português 185
Indo ao Médico ou Hospital 186
Descrevendo o que o aflige 186
Anunciando quaisquer condições especiais 187
Fazendo um exame 188
Especificando as partes do corpo 189
Obtendo um diagnóstico 190
Obtendo tratamento 191
Falando com a Polícia. 193
Descrevendo o que foi roubado 193
Respondendo a perguntas da polícia. 194
Protegendo seus direitos no exterior. 195

CAPÍTULO 12: **Dez Expressões Alemãs Favoritas** 197

Alles klar!. 197
Geht in Ordnung. 198
Kein Problem 198
Guten Appetit! 198
Deine Sorgen möchte ich haben!. 198
Das darf doch wohl nicht wahr sein! 199
Mir reicht's!. 199
Wie schön! 199
Genau 199
Stimmt's? 199

xiv   **Guia de Conversação Alemão Para Leigos**

CAPÍTULO 13: Dez Frases para Parecer um Nativo 201

Das ist ja toll! 201

Ruf mich an!/Rufen Sie mich an!. 202

Was ist los?. 202

Keine Ahnung 202

Gehen wir! 202

Nicht zu fassen!. 202

Du hast Recht!/Sie haben Recht! 203

Auf keinen Fall! 203

Nicht schlecht!. 203

Das ist mir (völlig) egal 203

ÍNDICE 205

xvi   Guia de Conversação Alemão Para Leigos

Introdução

À medida que a sociedade se globaliza, saber como dizer pelo menos algumas palavras em outras línguas se torna cada vez mais útil. Passagens aéreas baratas tornam viagens internacionais mais tangíveis. Ambientes corporativos globais exigem viagens ao exterior. Você pode até ter alguns amigos e vizinhos que falam outras línguas, ou querer entrar em contato com suas raízes ao estudar um pouco do idioma que seus ancestrais falavam.

Qualquer que seja sua razão para dominar um pouco de alemão, este livro o ajudará. Não prometemos fluência, mas se for cumprimentar alguém, comprar uma passagem ou pedir comida de um cardápio em alemão, você não precisa procurar mais nada além do *Guia de Conversação Alemão Para Leigos*.

Sobre Este Livro

Este livro não é uma aula para a qual você tem que se arrastar duas vezes por semana por um período de tempo específico. Você pode usar *Guia de Conversação Alemão Para Leigos* sempre que quiser, tendo como objetivo dominar algumas palavras e frases para ajudá-lo a se virar quando visitar a Alemanha (ou qualquer outro país que fale alemão) ou só para ser capaz de dizer "Oi, como vai?" para seu vizinho que fala alemão. Percorra este livro no seu próprio ritmo, lendo o máximo ou o mínimo que quiser, na hora que quiser. Você também não precisa se arrastar pelos capítulos em ordem, leia somente as seções que lhe interessam.

Nota: Se nunca estudou alemão antes, você deve ler os Capítulos 1 e 2 antes de pular para os próximos. Eles lhe dão um pouco do básico sobre a língua, por exemplo, como pronunciar seus vários sons.

Convenções Usadas Neste Livro

Para deixar este livro fácil de navegar, estabelecemos algumas convenções:

» Termos em alemão são colocados em **negrito** para destacá-los.

» Pronúncias estão em *itálico*, seguidas pelos termos em alemão.

» Sílabas fortes estão <u>sublinhadas</u> na pronúncia.

» Memorizar palavras-chave e frases é importante ao aprender uma língua, então coletamos palavras importantes em um capítulo ou seção e fazemos um quadro com o título "Palavras a Saber". Substantivos do alemão têm gênero, que determina qual artigo os acompanha. Nos quadros Palavras a Saber incluímos o artigo para cada substantivo, para que você os memorize simultaneamente.

» Conjugações verbais (listas que mostram as formas de um verbo) são dadas em tabelas, nesta ordem: a forma "eu", a forma "você" (informal), a forma "você" (formal), a forma "ele/ela/isto", a forma "nós", a forma "vocês" (informal), a forma "vocês" (formal) e a forma "eles". Pronúncias seguem na segunda coluna. Eis um exemplo:

Conjugação	Pronúncia
ich werde	*ich <u>ver</u>-de*
du wirst	*du virst*
Sie werden	*zi <u>ver</u>-den*
er, sie, es wird	*ér/zi/ês virt*
wir werden	*vir <u>ver</u>-den*
ihr werdet	*ir <u>ver</u>-det*
Sie werden	*zi <u>ver</u>-den*
sie werden	*zi <u>ver</u>-den*

Note também que, como cada língua tem a própria maneira de expressar ideias, as traduções que fornecemos para os termos em alemão podem não ser exatamente literais. Queremos que conheça a essência do que está sendo dito, não apenas as palavras reproduzidas. Por exemplo, a frase **Es geht** *(ês get)* é traduzida literalmente como "Isto vai", mas a frase realmente quer dizer: "Mais ou menos", que é a tradução apresentada neste livro.

Penso que...

Para escrever este livro, fizemos algumas suposições sobre quem você é e o que deseja de um livro chamado *Guia de Conversação Alemão Para Leigos*. Aqui estão as nossas suposições sobre você:

- » Você não sabe nada de alemão — ou se estudou na escola, não se lembra de nada.
- » Você não está buscando um livro que o deixe fluente em alemão, só quer saber algumas palavras, frases e estruturas de sentenças para comunicar informações básicas em alemão.
- » Você não quer ter que memorizar longas listas de vocabulário ou um punhado de regras gramaticais chatas.
- » Você quer se divertir e aprender um pouco de alemão ao mesmo tempo.

Ícones Usados Neste Livro

Você pode querer uma informação específica enquanto lê este livro. Para facilitar que encontre certos tipos de informação, colocamos os seguintes ícones na margem esquerda ao longo do livro:

DICA

Este ícone destaca dicas que podem facilitar o aprendizado do alemão.

Introdução   3

LEMBRE-SE

Este ícone aponta informações interessantes que você não quer esquecer.

FALANDO DE GRAMÁTICA

Línguas são cheias de peculiaridades que podem atrapalhá-lo se não estiver preparado. Este ícone aponta as discussões sobre essas regras gramaticais estranhas.

SABEDORIA CULTURAL

Se estiver buscando informações sobre cultura alemã ou viagens, procure estes ícones. Eles chamam sua atenção para informações sobre os países nos quais o alemão é falado.

De Lá para Cá, Daqui para Lá

Aprender uma língua é uma questão de começar e se aventurar (não importa o quão ruim seja sua pronúncia no começo). Então dê o primeiro passo! Comece pelo início ou escolha um capítulo que lhe interesse. Logo você será capaz de responder "Ja!" quando as pessoas lhe perguntarem "Sprechen Sie Deutsch?".

NESTE CAPÍTULO

» Reconhecendo o alemão que você já sabe

» Pronunciando o básico

» Usando expressões populares

Capítulo **1**

Como Se Fala? Falando Alemão

melhor maneira de aprender um novo idioma é a imersão total, então, neste capítulo você vai direto para a língua alemã. Este capítulo mostra o alemão que você pode já saber, explica as pronúncias e apresenta algumas expressões populares.

O Alemão que Você Já Sabe

Apesar das origens diferentes do português e do alemão, há algumas palavras idênticas ou similares. Essas palavras são chamadas de *cognatos.*

Parentes próximos (quase cognatos)

Muitas palavras, como as da Tabela 1–1, são escritas quase do mesmo jeito em alemão e português e têm o mesmo significado.

LEMBRE-SE

Note que o "c" em português algumas vezes se torna um "k" na maioria das palavras em alemão.

TABELA 1-1 **Palavras com Significados Parecidos e Escrita Levemente Diferente**

Alemão	Português
die Adresse *(di a-dré-sse)*	endereço
der Aspekt *(der as-pékt)*	aspecto
die bank *(di bánk)*	banco
die Bluse *(di blu-ze)*	blusa
die Demokratie *(di demo-kra-ti)*	democracia
direkt *(di-rekt)*	direto
der Doktor *(der dók-tor)*	doutor
exzellent *(ekse-lent)*	excelente
fantastisch *(fan-ts-tish)*	fantástico
das Gas *(das gas)*	gás
der Kaffee *(der ká-fee)*	café
die Komödie *(di kô-moe-di-e)*	comédia
die Kondition *(di kon-di-tsion)*	condição
das Konzert *(das kon-tsert)*	concerto
die Kultur *(di kul-tur)*	cultura
die lampe *(di lámpe)*	lâmpada

Alemão	Português
die Maschine *(di ma-shi-ne)*	máquina
die Methode *(di me-tô-de)*	método
die Musik *(di mu-zik)*	música
die Nationalität *(di nat-sio-nal-i-tet)*	nacionalidade
die Natur *(di na-tur)*	natureza
der Ozean *(der o-tse-an)*	oceano
das Papier *(das pa-pir)*	papel
perfekt *(per-fekt)*	perfeito
potenziell *(po-ten-tsiel)*	potencial (adjetivo)
das Programm *(das pro-gram)*	programa
das Salz *(das zalts)*	sal
der Scheck *(der tshek)*	cheque
der Supermarkt *(der su-per-markt)*	supermercado
das Telefon *(das te-le-fon)*	telefone
die Theorie *(di te-o-ri)*	teoria
die Tragödie *(di tra-guoe-di)*	tragédia
der Walzer *(di val-tzer)*	valsa

Falsos cognatos

Como em todos os idiomas, o alemão contém alguns falsos amigos — aquelas palavras que parecem muito similares às palavras em português, mas que frequentemente têm um significado totalmente diferente:

» **das Akzent** *(ak-tsent)*: A palavra significa "sotaque". "Assento" em alemão é **Sitsplatz** *(zitz-platz)*.

» **die Art** *(art)*: Essa palavra significa "modo, maneira", e não "arte". A palavra alemã para "arte" é **die Kunst** *(kunst)*.

» **die Balance** *(bá-lanst)*: Essa palavra significa "equilíbrio" e não "balança" que em alemão, é **die Waage** *(váague)*.

» **der Balkon** *(bal-kon)*: Essa palavra significa "sacada, varanda" e não um "balcão". "Balcão" em alemão é **der Tressen** *(trés-sen)*.

» **brav** *(braaf)*: Um adjetivo que significa "bem-comportado", e não "corajoso". A palavra alemã para "corajoso" é **tapfer** *(tap-fer)*.

» **die Brille** *(brile)*: Essa palavra é um substantivo e significa "óculos", e não "brilho". A tradução alemã para a palavra "brilho" é **der Glanz** *(glantz)*.

» **Chef** *(shef)*: Esse é o cara de quem você recebe ordens, seu chefe ou diretor, e não o encarregado de cozinhar. A palavra alemã para "chef" de cozinha é **Küchenchef** *(kûû-chen-shef)* ou **Chefkoch** *(shef-kocH)*.

» **das Dia** *(dia)*: Essa palavra é abreviação de "Diapositiv", película de imagem ou slide. "Dia" em alemão é der **Tag** *(tag)*.

» **genial** *(gue-ni-al)*: Esse adjetivo descreve uma ideia ou pessoa "geniosa", e não tem nada a ver com "genial". A palavra alemã para "genial" é **heiter** *(Hai-ter)*.

» **die Kanne** *(ka-ne)*: Essa é a palavra alemã para "jarro", e não tem nada a ver com "cano", que seria **das Rohr** *(ror)* em alemão.

» **der Kompaß** *(kom-pass)*: Essa palavra significa "bússola" e não "compasso". A palavra alemã para "compasso" é **der Zirkel** *(tzir-kel)*.

8   Guia de Conversação Alemão Para Leigos

» **der Mais** *(maiss)*: Significa "milho". A palavra alemã para o português "mais" é **mehr** *(mér)*.

» **die Mappe** *(má-pe)*: Significa "pasta" (para guardar papéis), em vez de "mapa". A palavra alemã para "mapa" é **die Landkarte** *(land-karte)*.

» **pathetisch** *(pa-tê-tish)*: Essa palavra significa "exageradamente emocional", e não "patético", que em alemão é **jämmerlich** *(ie-mer-lish)*.

» **Provision** *(pro-vi-zion)*: O significado dessa palavra é "comissão", e não "provisão". A palavra alemã para "provisão" é **Vorsorge** *(for-sor-gue)* ou **Versorgung** *(fer-tor-gungk)*.

» **psychisch** *(psi-kish)*: Significa "psicológico", e não "psíquico". A tradução alemã para "psíquico" é **Medium** *(me-di-um)* (se você fala da pessoa) ou **telepathisch** *(tele-pa-tish)*.

» **die Sorte** *(zorte)*: Essa palavra significa "espécie" ou "tipo". Em alemão, palavra "sorte" é **das Glück** *(glûûk)*.

» **das Stadium** *(stá-dium)*: O significado dessa palavra é "estado" (de saúde), enquanto "estádio" (de esportes) é **das Stadion** *(stá-dion)*.

» **das Tempo** *(tempo)*: Essa palavra significa "velocidade", "compasso musical" e não "tempo". A palavra alemã para "tempo" é **die Zeit** *(tzá-it)* (tempo de relógio) ou **das Wetter** *(vét-ter)* (tempo meteorológico).

Emprestadores e devedores

Entretanto, muitas palavras do inglês são incorporadas ao alemão. Às vezes a combinação de inglês e alemão leva a estranhezas linguísticas notáveis. Por exemplo, você pode ouvir **das ist gerade in/out** *(das ist gue-ra-de in/out)* (isso está/não está na moda agora) ou **check das mal ab** *(tcheck das mal ap)* (veja aquilo).

As seguintes palavras do inglês são comumente usadas em alemão:

- » **der Boss (o chefe)**
- » **das Business (o negócio)**
- » **die City (o centro/da cidade)**
- » **cool (legal)**
- » **das Design (o design)**
- » **der Dress Code (o código de moda)**
- » **das Event (o evento)**
- » **Fashion** (usado sem artigo) **moda**
- » **das Feeling (a sensação)/das Fast Food/Hi (Oi)**
- » **der Hit (o sucesso)**
- » **das Jet Set (o jet Set)**
- » **der Job (o emprego)**
- » **das Jogging (a corrida)**
- » **der Manager (o gerente)**
- » **das Marketing (o marketing)**
- » **Okay**
- » **das Outing (a excursão)**
- » **overdressed/underdressed (muito arrumado/pouco arrumado)**
- » **die Party (a festa)**
- » **das Ranking** (principalmente esportivos) (**o ranking**)
- » **das Shopping (o shopping)**
- » **die Show/Talkshow (o show/talkshow)**

- » **das Steak (o bife)**
- » **der Thriller (o suspense)**
- » **das Understatement (o eufemismo)**
- » **Wow (uau)**

Aqui estão algumas frases usando essas palavras inglesas em alemão:

- » **Hi, wie geht's? Wie ist der neue Job?** *(Hái, vi guêts? vi ist der nóie djob)* (Oi, como vai você? Como está o trabalho novo?)
- » **Super! Ich mache Marketing und mein Boss ist total nett.** *(super! icH ma-cHe marketing unt main boss ist to-tahl net)* (Ótimo! Estou trabalhando com marketing, e meu chefe é muito legal.)
- » **Warst Du in der City?** *(varst du in der city)* (Você já foi ao Centro?)

E, finalmente, o alemão usa alguns termos "falsos" do inglês. Esses termos não seriam usados no mesmo contexto na língua inglesa. Por exemplo, a palavra alemã para telefone celular é "**Handy**", e uma "**Party Service**" é uma empresa que organiza festas e eventos públicos.

Falando: Pronúncia Básica

A chave para pronunciar os sons de uma língua estrangeira é esquecer seu medo de parecer esquisito e nunca acertar. Para dominar a língua, você precisa conhecer as regras básicas de pronúncia e se concentrar em pequenas unidades, que podem ser expandidas gradualmente — de sons para palavras e frases. O resto é prática, prática, prática.

O alfabeto alemão tem o mesmo número de letras que o português, 26. Entretanto, muitas das letras são pronunciadas de forma diferente de suas homólogas do português. A boa notícia é que as palavras do alemão são pronunciadas exatamente como são. Eis o alfabeto alemão:

a (*ah*)	**e** (*ê*)	**i** (*i*)	**m** (*ém*)
b (*bê*)	**f** (*éff*)	**j** (*iót*)	**n** (*én*)
c (*tsê*)	**g** (*guê*)	**k** (*ká*)	**o** (*ô*)
d (*dê*)	**h** (*Ha*)	**l** (*él*)	**p** (*pê*)
q (*kuu*)	**t** (*tê*)	**w** (*vê*)	**z** (*tsét*)
r (*err*)	**u** (*u*)	**x** (*éks*)	
s (*ess*)	**v** (*fáu*)	**y** (*ippsilon*)	

Pronunciando vogais

Em alemão, as vogais (*a, e, i, o, u*) podem ter sons longos e arrastados ou curtos. Felizmente, existem algumas regras gerais:

> » Uma vogal é longa quando é seguida por um "h", como em **Stahl** *(shtaal)* (aço).

> » Uma vogal é longa quando é seguida por uma única consoante, como em **Tag** *(taag)* (dia).

> » Uma vogal é longa quando é dobrada, como em **Teer** *(teer)* (alcatrão) ou **Aal** *(aal)* (enguia).

> » Em geral, uma vogal é curta quando é seguida por duas ou mais consoantes, como em **Tanne** *(tá-ne)* (pinheiro).

A Tabela 1–2 lhe dá uma ideia de como pronunciar vogais do alemão com alguns exemplos e a escrita fonética — as combinações de letras que servem como o equivalente em português da pronúncia alemã.

Na escrita fonética deste livro, usamos acento agudo (´) para indicar vogais abertas e circunflexo (^) para vogais fechadas.

O H (maiúsculo) é usado para indicar o som do H aspirado, como em Habib.

Guia de Conversação Alemão Para Leigos

TABELA 1-2   Pronunciando Vogais Alemãs

Letra Alemã	Símbolo	Como no Português	Palavra Alemã
a (longo)	aa	para	**Laden** *(laa-den)* (loja)
a (curto)	a	está	**Platz** *(plats)* (lugar)
e (longo)	ee	terço	**Leben** *(lee-ben)* (vida)
e (curto/forte)	e	tem	**Bett** *(bet)* (cama)
e (curto/fraco)	e	elevador	**Lachen** *(la-cHen)* (risada)
i (longo)	ii	rito	**Ritus** *(ri-tus)* (rito)
i (curto)	i	Milton	**Milch** *(milsh)* (leite)
o (longo)	oo	fora	**Lob** *(lohp)* (louvor)
o (curto)	o	topo	**Motte** *(mo-te)* (mariposa)
u (longo)	uu	tubo	**Tube** *(tuu-be)* (tubo)
u (curto)	u	último	**Rum** *(rum)* (rum)

LEMBRE-SE

Pronuncie a vogal alemã "i" (longa e curta) como o som em português "i"!

Pronunciando tremas

Você deve ter visto aqueles pontinhos irritantes que às vezes aparecem sobre as vogais em palavras do alemão. São chamados de **Umlaute** *(um-lau-te)* (trema). Eles alteram levemente o som de uma vogal, como esboçado na Tabela 1–3.

FALANDO DE GRAMÁTICA

Substantivos às vezes recebem um trema em sua forma plural.

TABELA 1-3 **Pronunciando Vogais com Trema**

Letra Alemã	Símbolo	Como no Português	Palavra Alemã
ä (longo)	ae	preço	**nächste** (_nêcH-ste_) (próximo)
ä (curto)	e	seco	**Bäcker** (_bé-ker_) (padeiro)
ö	oe	foram	**hören** (_Hoe-ren_) (ouvir) (misto de o-e, com biquinho)
ü	ûû	partir	**Tür** (_tûûr_) (porta) (misto de u-i, com biquinho)

Pronunciando ditongos

Ditongos são combinações de duas vogais em uma sílaba (como no português "pai"), e a língua alemã tem vários deles, como mostra a Tabela 1–4.

TABELA 1-4 **Pronunciando Ditongos do Alemão**

Ditongos Alemães	Símbolo	Como no Português	Palavra Alemã
ai	ai	mais	**Mais** (_mais_) (milho)
au	au	mau	**laut** (_lout_) (barulhento)
au	ao	restaura	**Restaurant** (_res-tou-ront_) (restaurante)
äu/eu	oi	dói	**Häuser** (_Hói-zer_) (casas)/**Leute** (_lói-te_) (pessoas)
ei	ai	amai	**ein** (_ain_) (a)/**mein** (_main_) (meu)
ie	i	exibe	**Liebe** (_li-be_) (amor)

Pronunciando consoantes

Você pode ficar aliviado ao descobrir que os sons das consoantes alemãs não são tão estranhos quanto os das vogais. Na verdade, algumas são pronunciadas como suas equivalentes em português e algumas apresentam pequenas diferenças. Bem, há algumas estranhezas e exceções, que mostrarei mais tarde.

Pronuncie as letras **b**, **d**, **k**, **p**, **t** e **y** como faz em português.

LEMBRE-SE

Embora o "r" do alemão seja representado como "r" na escrita fonética deste livro, é pronunciado de maneira diferente. Para fazer o som, posicione sua língua como se quisesse fazer o som de "r", mas em vez de enrolar a ponta da língua para fora do palato, deixe-a reta e tente produzir o som no fundo da garganta!

A Tabela 1–5 mostra como pronunciar o resto das consoantes alemãs.

TABELA 1-5   Pronunciando Consoantes Alemãs

Letra Alemã	Símbolo	Como no Português	Palavra Alemã
b	b	bola	**Bild** *(bilt)* (imagem, retrato)
c	k	casa	**Café** *(ka-fee)* (café)
c	ce	cenoura	**Celsius** *(tsel-zi-us)* (Celsius)
c	ts		**Cello** *(tse-lo)* (violoncelo)
d	t		**blind** *(blint)* (cego)
d	d	duna	**durstig** *(dur-stigk)* (com sede)
g	gue	guepardo	**geben** *(gue-ben)* (dar)
g	gk	Gulag	**Tag** *(tagk)* (dia)

(continua)

(continuação)

Letra Alemã	Símbolo	Como no Português	Palavra Alemã
j	i		**ja** *(iá)* (sim)
qu	qu	quando	**Quatsch** *(quatsh)* (besteira)
s (começo de uma palavra)	z	zinco	**sieben** *(ziben)* (sete)
s (meio/fim de uma palavra)	s	sala	**Haus** *(Houss)* (casa)
v	f	"f" como em fogo	**Vogel** *(fo-guel)* (pássaro)
v	v	vaso	**Vase** *(va-ze)* (vaso)
w	v	vida	**Wald** *(valt)* (floresta)
y	i	ioga	**Yoga** *(yo-ga)* (ioga)
y	i	sílaba	**System** *(sis-tem)* (sistema)
z	tst		**Zahl** *(tsal)* (número)

Identificando uma nova letra: ß

No alemão escrito, você encontra uma letra, **ß** *(es-tset)*, que é a combinação de **s** *(es)* e **z** *(tset)* e é pronunciada como um "s" forte. É considerada uma consoante única, mas não é uma letra a mais no alfabeto.

O alemão costumava ter várias palavras escritas com "ss" ou "ß" (o som é idêntico), e era complicado acertar a escrita. Recentemente ele passou por uma reforma da escrita que resolveu esse problema. Eis o que aconteceu:

> » Depois de uma vogal longa, o "s" forte é escrito como "ß" — por exemplo, em **Fuß** (*fuss*) (pé).
>
> » Depois de uma vogal curta, o "s" forte é escrito como "ss" — por exemplo, em **Fass** (*fass*) (barril).

SABEDORIA CULTURAL

A Suíça não usa o ß. Lá eles sempre escrevem as palavras com "ss".

Combinações de consoantes

A língua alemã tem algumas combinações de consoantes diferentes das do português. A maioria delas é fácil de pronunciar, com exceção do "ch", estranha à língua portuguesa.

No alemão, a combinação de letras **ch** tem som diferente. É como um sibilo na garganta e é representado por um "H" maiúsculo na escrita fonética neste livro.

Tente imitar esse som ao começar com a maneira que pronuncia a letra "h" no começo da palavra "Habib", então arraste e enfatize o "h". O som do "ch" é pronunciado no mesmo lugar da letra "k", na parte de trás da garganta. Mas em vez de rolar sua língua para o fundo da boca — como faz quando pronuncia um "k" —, você precisa abaixá-la e levá-la para os dentes da frente. Se praticar um pouco, não terá problemas ao pronunciar as palavras **ich** (*icH*) (eu) e **vielleicht** (*fi-laicHt*) (talvez). (Sim, parece um pouco com seu gato ronronando e expelindo uma bola de pelos.)

A boa notícia é que existem algumas palavras em que o "ch" é simplesmente pronunciado como "k". Por exemplo, em **Wachs** (*vaks*) (cera) ou **Lachs** (*laks*) (salmão).

Se o "ch" for precedido por vogal aberta (e, i, ü, ö, a), e não seguido de "s", pronuncie o "ch" como em **ich** (*icH*), que é mais aberto e o som sai mais próximo dos dentes. Se o "ch" for precedido por uma vogal fechada (a, o, u), é pronunciado como o exemplo "ronronando", citado anteriormente nesta seção.

CAPÍTULO 1 **Como Se Fala? Falando Alemão** 17

A Tabela 1–6 mostra como pronunciar algumas outras combinações comuns de consoantes.

TABELA 1-6   Pronunciando ck, sch, sp e st

Letra Alemã	Símbolo	Como no Português	Palavra Alemã
ck	k	ploc	**Dreck** *(drek)* (sujeira)
sch	sh	feche	**Tisch** *(tish)* (mesa)
sp	shp		**spät** *(shpeet)* (atrasado)
st (início de uma palavra)	sht		**Stadt** *(shtat)* (cidade)
st (meio/final de uma palavra)	st	ístmo	**Last** *(lást)* (fardo)
tsch	tsh		**Deutsch** *(dóitsh)* (alemão)

LEMBRE-SE

No alemão, o "h" pode ser silencioso, como nas palavras **Theorie** *(te-o-ri)* (teoria) ou **Theologie** *(te-o-lô-gui)* (teologia). Ou as letras "t" e "h" são pronunciadas separadamente, onde ele é "aspirado", como nas palavras **Rasthaus** *(rást-Hauss)* (hotel) ou **Basthut** *(bást-Hut)* (chapéu de palha).

Expressões Populares

O alemão tem muitas *expressões idiomáticas*, sentenças típicas de uma língua ou cultura que não fazem muito sentido se traduzidas ao pé da letra. Eis algumas:

» **Ein Fisch auf dem Trockenen** *(ain fish ouf dem trók-nen)* (Um peixe no seco, significando: "Um peixe fora d'água".)

18 Guia de Conversação Alemão Para Leigos

- » **Es regnet Bindfäden** (*es <u>regk</u>-net <u>bint</u>-fe-den*) (Está chovendo barbante, significando: "Está chovendo canivetes".)

- » **Das macht den Braten (den Kohl) nicht fett** (*das macHt deen <u>bra</u>-ten [deen kool] nicHt fet*) (Isso não engorda o assado [o repolho], significando: "Isso não fará muita diferença" ou "Isso não ajuda".)

- » **den Braten riechen** (*deen <u>bra</u>-ten <u>ri</u>-cHen*) (Cheirar o assado, significando: "Ficar sabendo de algo".)

Além dessas, você pode dominar facilmente algumas das seguintes expressões usadas com frequência:

- » **Prima!** (*<u>prí</u>-ma*) (Ótimo!)

- » **Klasse!** (*<u>kla</u>-sse*) (Ótimo!)

- » **Toll!** (*tól*) (Ótimo!)

- » **Einverstanden.** (*<u>ain</u>-fer-shtan-den*) (De acordo./Ok.)

- » **Geht in Ordnung.** (*guet in <u>ort</u>-nungk*) (Eu farei.)

- » **Wird gemacht.** (*virt gue-<u>macHt</u>*) (Ok./Será feito.)

- » **Keine Frage.** (*<u>kai</u>-ne <u>fra</u>-gue*) (Sem dúvida.)

- » **Macht nichts.** (*macHt nicHts*) (Não se preocupe./Tudo bem.)

- » **Nicht der Rede wert.** (*nicHt der <u>re</u>-de vert*) (Nem me fale.)

- » **Schade!** (*<u>shaa</u>-de*) (Que pena!)

- » **So ein Pech!** (*zo ain pecH*) (Que azar!)

- » **Viel Glück!** (*fiil glûûk*) (Boa sorte!)

- » **Prost!** (*proo+st*) (Saúde!)

CAPÍTULO 1 **Como Se Fala? Falando Alemão** 19

NESTE CAPÍTULO

» Construindo frases simples

» Formando perguntas

» Apresentando verbos regulares e irregulares

» Os tempos: passado, presente e futuro

» Explicando os casos

Capítulo 2

Gramática de Dieta: Só o Básico

A gramática pode parecer um pouco assustadora, mas não precisa ser. Assim que pega o espírito de algumas regras básicas, você a usa mesmo sem pensar nela, como os nativos. Siga o fluxo, mantenha a calma e tudo vai dar certo.

Observando os Tipos de Palavras

Para construir uma frase simples em alemão, você precisa de um certo número de elementos construtores: substantivos, adjetivos, verbos e advérbios são os mais importantes.

Substantivos

Todos os substantivos do alemão têm gênero. Pode ser masculino, feminino ou neutro. E a maioria deles pode ser singular ou plural.

Substantivos normalmente aparecem acompanhados de artigos, como "o" ou "um". A melhor maneira de se familiarizar com o gênero de um substantivo é lembrar da palavra com seu artigo definido, que indica seu gênero. O artigo definido "o/a" do português é transformado em:

> » **Para substantivos masculinos:** Você usa **der** *(der)* (masculino). Por exemplo, **der Garten** *(der garten)* (o jardim).
>
> » **Para substantivos femininos:** Você usa **die** *(dii)* (feminino). Por exemplo, **die Tür** *(dii tûûr)* (a porta).
>
> » **Para substantivos neutros:** Você usa **das** *(das)* (neutro). Por exemplo, **das Haus** *(das Hauss)* (a casa).

Os artigos indefinidos "um", "uma" e "alguns" são transformados em:

> » **Para substantivos masculinos:** Você usa **ein** *(ain)*. Por exemplo, **ein Name** *(ain naa-me)* (um nome).
>
> » **Para substantivos femininos:** Você adiciona um *e* a **ein**, formando **eine** *(ai-ne)*. Por exemplo, **eine Firma** *(ai-ne fir-ma)* (uma empresa).
>
> » **Para substantivos neutros:** Você também usa **ein**. Por exemplo, **ein Büro** *(ain bûû-rô)* (um escritório).

No plural, tudo é associativamente fácil. O artigo definido para todas as palavras no plural é **die** *(dii)*. E, como no português, o artigo indefinido "um" desaparece no plural.

LEMBRE-SE

Duas outras coisinhas para lembrar sobre substantivos do alemão:

> » Eles sempre começam com letra maiúscula.

22 Guia de Conversação Alemão Para Leigos

> » Eles formam compostos bem longos.

Contudo, se reconhecer os componentes que formam um substantivo longo, você adivinha o significado de muitos desses compostos sem pesquisá-lo. Um bom exemplo é a palavra **Postleitzahl** (*póst-lai-tsal*). Ela consiste dos componentes **Post** (*póst*) (correios), **leit** (*láit*) (guia), e **Zahl** (*tsahl*) (número) combinados para significar "número de guia do correio" — o código postal.

Adjetivos

Adjetivos descrevem substantivos. Em alemão, adjetivos têm terminações diferentes dependendo do gênero, caso (mais sobre isso posteriormente neste capítulo) e número (singular ou plural) do substantivo que acompanham, e, ainda, se o adjetivo é acompanhado por um artigo definido, indefinido ou nenhum artigo.

A seguir estão as terminações de adjetivos acompanhados por um artigo definido: usamos os adjetivos **schön** (*shoen*) (lindo), **weiß** (*váiss*) (branco), **groß** (*grôss*) (grande) e **klein** (*kláin*) (pequeno) como exemplos. As terminações de adjetivos para o caso do sujeito (ou nominativo) aparecem em itálico:

> » **der schön*e* Garten** *(der shoe-ne gar-ten)* (o lindo jardim)

> » **die weiß*e* Tür** *(dii vái-sse tûûr)* (a porta branca)

> » **das klein*e* Haus** *(dass klái-ne Hauss)* (a casa pequena)

> » **die groß*en* Häuser** *(dii gro-ssen Hói-zer)* (as casas grandes)

A seguir estão os finais de adjetivos acompanhados por um artigo indefinido:

> » **ein schön*er* Garten** *(ain shoe-ner gar-ten)* (um lindo jardim)

> » **eine weiß*e* Tür** *(ai-ne vái-sse tûûr)* (uma porta branca)

> » **ein klein*es* Haus** *(ain klái-nes Hauss)* (uma casa pequena)
>
> » **groß*e* Häuser** *(gro-sse Hói-zer)* (casas grandes)

A seguir estão os finais de adjetivos usados sozinhos:

> » **schön*er* Garten** *(shoe-ner gar-ten)* (lindo jardim)
>
> » **weiß*e* Tür** *(vai-sse tûûr)* (porta branca)
>
> » **klein*es* Haus** *(klai-nes Haus)* (casa pequena)
>
> » **groß*e* Häuser** *(gro-sse Hói-zer)* (casas grandes)

LEMBRE-SE

Se um artigo definido não precede o adjetivo, este recebe a terminação como se fosse usado com um artigo indefinido.

Verbos

Verbos expressam ações ou estados. A pessoa que executa ou sofre a ação é seu sujeito, e o verbo sempre ajusta a terminação de acordo com o sujeito. Por exemplo, a porta abre, mas portas abrem, e assim por diante.

A forma verbal que não tem marcação para indicar seu sujeito ou um tempo (passado, presente ou futuro) é chamada de *infinitivo*. Os infinitivos do alemão normalmente têm a terminação **-en**, como em **lachen** *(lâ-cHen)* (rir). Alguns verbos terminam em **-n**, **-rn** ou **-ln**.

Verbos regulares não mudam sua raiz ao serem conjugados, e suas terminações são sempre as mesmas. Aqui estão as terminações do verbo regular **sagen** *(saa-guen)* (dizer) no tempo presente, marcado com sua raiz **sag-**:

Ich (eu) **sag-e** (eu digo)

Du sag-st (você diz [informal])

Sie sag-en (senhor/a diz [formal])

er, sie, es sag-t (ele/ela/isso diz)

wir sag-en (nós dizemos)

ihr sag-t (vocês dizem [informal, plural])

Sie sag-en (senhores/as dizem [formal, plural])

sie sag-en (eles dizem)

Parece fácil, não parece? Mas, como sempre, há algumas exceções à regra. Quando a raiz do verbo termina em **m**, **n**, **d** ou **t**, você precisa inserir um **e** antes da terminação das construções **du**, **er/sie/es** e **ihr**:

du atm-e-st (você respira [informal])

er arbeit-e-t (ele trabalha)

ihr bad-e-t (vocês se banham [informal, plural])

Por que eles fazem isso? Tente pronunciar "atmst" e você descobrirá.

Advérbios

Advérbios acompanham verbos ou adjetivos e lhes conferem uma circunstância. Em português, a maioria dos advérbios termina em -ente (Calcei minhas meias verdes *rapidamente*). Em alemão, os advérbios são, com frequência, adjetivos com terminações não modificadas.

Entendendo Construções Simples de Frases

Substantivos, verbos, adjetivos e advérbios normalmente não são combinados ao acaso. As palavras são organizadas em frases de acordo com certas regras.

Organizando palavras na ordem certa

A ordem "normal" do alemão é muito parecida com a do português. O sujeito vem primeiro, seguido pelo verbo, seguido pelo resto da frase. Use a seguinte ordem de palavras, a não ser que tenha uma razão para não fazê-lo:

Sujeito	Verbo	Objeto
Meine Freundin	**hat**	**einen VW-Bus**
mai-ne fróin-din	*Hat*	*ai-nen fau-ve bus*
Minha namorada	tem	uma van da VW

Cláusulas independentes: Colocando o verbo em segundo lugar

Uma das coisas mais importantes a se lembrar é a posição do verbo em uma frase alemã. Em cláusulas independentes, como a da seção anterior, e na frase a seguir, o verbo está sempre em segundo lugar, não importa o que aconteça.

Meine Freundin fährt nach Dänemark. (*mai-ne fróin-din fert nacH de-ne-mark*) (Minha namorada dirige para a Dinamarca.)

Que tal adicionar mais informação?

Meine Freundin fährt morgen nach Dänemark. (*mai-ne fróin-din fert mórguen nacH de-ne-mark*) (Minha namorada vai para a Dinamarca amanhã.)

Novamente, o verbo está em segundo lugar.

O que acontece se a frase começar com **morgen** (*mórguen*) (amanhã)?

Morgen fährt meine Freundin nach Dänemark.

Morgen está em primeiro lugar, e o verbo precisa ficar em segundo, então o sujeito segue o verbo. Tecnicamente, isso é chamado de *inversão do verbo.* Isso só significa que o verbo e o sujeito trocam de lugar, e acontece sempre que qualquer coisa diferente do sujeito

26   Guia de Conversação Alemão Para Leigos

está em primeiro lugar na frase. Geralmente você muda a ordem das palavras para trocar a ênfase.

Cláusulas dependentes: Jogando o verbo para o final

Os exemplos usados até agora nesta seção foram todos de frases independentes, mas às vezes várias afirmações são combinadas para formar uma estrutura mais complexa:

Meine Freundin sagt, dass sie nach Dänemark fährt. *(mai-ne fróin-din zagt, das zii nacH de-ne-mark fert)* (Minha namorada diz que vai para a Dinamarca.)

O verbo principal **sagt** *(zagt)* (diz) está em segundo lugar, onde você esperava, mas o verbo na sentença subordinada, introduzida por **dass** *(das)* (que), está lá no final. Isso acontece em todas as sentenças subordinadas.

LEMBRE-SE

Sentenças subordinadas normalmente começam com conjunções (subordinadas) (palavras que ligam frases), como **dass**, **weil** e **damit** *(dass, vail, da-mit)* (que, porque, para que), e elas sempre terminam com o verbo.

Formando perguntas

A ordem alemã das palavras para fazer perguntas é invertida em relação à do português. Você começa com um verbo seguido pelo sujeito.

Fährt deine Freundin nach Dänemark? *(fert dai-ne fróin-din nacH de-ne-mark)* (Sua namorada está indo para a Dinamarca?)

Hat deine Freundin einen VW-Bus? *(Hat dai-ne fróin-din ai-nen fau-veh-bus)* (Sua namorada tem uma van da VW?)

Outra maneira de pedir informações é usar as palavras interrogativas:

wer? *(ver)* (quem?)

was? *(vas)* (o quê?)

wo? *(voo)* (onde?)

CAPÍTULO 2 **Gramática de Dieta: Só o Básico** 27

wann? *(van)* (quando?)

wie? *(vii)* (como?)

warum? *(va-rum)* (por que?)

was für ein(e/en). . .? *(vas fûûr ain/e/en)* (que tipo de...?)

welche/r/s. . .? *(vel-cHe/r/s?)* (qual?)

Ao formar perguntas com essas palavras, o verbo fica em sua posição normal — após o sujeito:

> » **Wer fährt nach Dänemark?** *(ver fert nacH de-ne-mark)* (Quem vai para a Dinamarca?)

> » **Was für ein Auto hat deine Freundin?** *(vas fûûr ain ou-to hat dai-ne fróin-din)* (Que tipo de carro sua namorada tem?)

> » **Wann fährt sie nach Dänemark?** *(van fert zii nacH de-ne-mark)* (Quando ela vai para a Dinamarca?)

> » **Wie kommt deine Freundin nach Dänemark?** *(vii komt dai-ne fróin-din nacH de-ne-mark)* (Como sua namorada vai para a Dinamarca?)

Os Tempos: Presente, Passado e Futuro

"Tempo verbal" é como os gramáticos chamam o tempo. Dependendo de quando a ação sobre a qual se fala é realizada, você define um tempo. As maneiras de observar o conceito de tempo diferem levemente de uma cultura e língua para a outra, então às vezes a maneira de usar os tempos também.

Observando o presente

O tempo presente é muito útil em alemão. Você pode ir longe só com esse tempo verbal. O presente no alemão corresponde a duas formas em português. Por exemplo, **ich denke** *(icH den-ke)* é usado como o equivalente de "eu penso" e "estou pensando" em português.

28   Guia de Conversação Alemão Para Leigos

O presente descreve o que está acontecendo agora:

> **Was machst du gerade?** *(vas macHst du gue-ra-de)* (O que você está fazendo agora?)

> **Ich lese die Zeitung.** *(icH lee-ze dii tsai-tung)* (Estou lendo o jornal.)

O presente também descreve o que acontece às vezes, normalmente ou sempre:

> **Freitags gehe ich oft ins Kino.** *(frai-taagks gue-e icH oft ins kii-n-ô)* (Às sextas-feiras, muitas vezes vou ao cinema.)

O presente também descreve o que vai acontecer, particularmente se a frase tiver uma expressão de tempo que coloque a ação claramente no futuro. O presente também é usado dessa forma em português:

> **Morgen fährt meine Freundin nach Dänemark.** *(mórguen fert mai-ne fróin-din nacH de-ne-mark)* (Amanhã minha namorada vai para a Dinamarca.)

> **Nächste Woche fahre ich nach Bremen.** *(naecH-ste vo-cHe fa-re icH nacH bree-men)* (Na semana que vem vou para Bremen.)

E, finalmente, o presente também descreve o que tem acontecido até agora:

> **Ich bin seit drei Tagen in Hamburg.** *(icH bin zait drai taa-guen in ham-burg)* (Estou em Hamburgo há três dias.)

Note que o português faz o mesmo uso do presente.

Falando sobre o passado: Usando o tempo perfeito

O tempo perfeito é o principal tempo passado usado no alemão falado. É muito versátil: você o usa para falar sobre a maioria das ações e situações no passado.

Para formá-lo, você precisa de duas coisas:

> » A forma do presente perfeito adequado de **haben** *(Ha-ben)* (ter) ou de **sein** *(zain)* (ser/estar).
>
> » O particípio passado do verbo de ação, que vai no final da frase.

Escolhendo haben ou sein

Escolher **haben** ou **sein** depende de qual verbo de ação você está usando. Lembre-se de que a maioria dos verbos requer **haben**, mas alguns usam **sein**, e você só precisa memorizar qual é qual. Eis um resumo rápido da conjugação de **haben** no presente:

Conjugação	Pronúncia
ich habe	*icH Ha-be*
du hast	*du Hâst*
Sie haben	*zi Ha-ben*
er/sie/es hat	*er/zii/es Hat*
wir haben	*vir Ha-ben*
ihr habt	*iir Hapt*
Sie haben	*zi Ha-ben*
sie haben	*zi Ha-ben*

Dê uma olhada em alguns exemplos de como o verbo **haben** é combinado com um particípio passado para formar o tempo perfeito:

» **David hat mir geholfen.** *(da-vid Hat mir gue-Holfen)* (David me ajudou/tem me ajudado.)

» **Gestern haben wir ein Auto gekauft.** *(gues-tern Ha-ben vir ain au-to gue-kauft)* (Ontem compramos um carro.)

» **Anna hat die Zeitung gelesen.** *(ana Hat di tsai-tung gue-leezen)* (Anna leu o jornal.)

» **Ich habe den Film gesehen.** *(icH Ha-be den film gue-zee-en)* (Eu vi o filme.)

» **Hat euch der Film gefallen?** *(Hat óicH der film gue-fa-len)* (Você gostou do filme?)

Para verbos que requerem **sein** no tempo perfeito, a lista a seguir é um resumo das formas do presente de **sein:**

Conjugação	Pronúncia
ich bin	*icH bin*
du bist	*du bist*
Sie sind	*zi zint*
er/sie/es ist	*ér/zi/es ist*
wir sind	*vir zint*
ihr seid	*ir zait*
Sie sind	*zi zint*
sie sind	*zi zint*

CAPÍTULO 2 **Gramática de Dieta: Só o Básico** 31

Verbos nessa categoria incluem o próprio **sein** e normalmente verbos que indicam uma mudança de lugar ou de estado. Parece muito técnico? A Tabela 2–1 mostra alguns verbos comuns que usam **sein** no tempo perfeito.

TABELA 2-1 **Verbos que Usam Sein no Tempo Perfeito**

Verbo		Particípio Passado
gehen	(_gue_-en) (ir)	gegangen
fahren	(_fa_-ren) (dirigir/pilotar/ir)	gefahren
fliegen	(_fii_-guen) (voar)	geflogen
kommen	(_ko_-men) (vir)	gekommen
laufen	(_lau_-fen) (correr)	gelaufen
sein	(zain) (ser/estar)	gewesen

Dê uma olhada nestes exemplos de verbos formando o presente perfeito com o tempo presente de **sein** e o particípio passado.

» **Ich bin ins Kino gegangen.** _(icH bin ins ki-no gue-gan-gn)_ (Eu fui ao cinema.)

» **Meine Freundin ist nach Dänemark gefahren.** _(mai-ne fróin-din ist nacH dene-mark gue-fa-ren)_ (Minha namorada foi para a Dinamarca.)

» **Ich bin in Hamburg gewesen.** _(icH bin in ham-burg gue-vehzen)_ (Eu estive em Hamburgo. Eu estava em Hamburgo.)

» **Du bist mit dem Auto gekommen.** _(du bist mit dem au-to gue-ko-men)_ (Você veio de carro.)

» **Sie ist mit dem Zug gefahren.** _(zi ist mit dem tsugk gue-fa-ren)_ (Ela foi de trem.)

> **Wir sind letzte Woche ins Kino gegangen.** *(vir zint lets-te wo-cHe ins ki-no gue-gan-gn)* (Nós fomos ao cinema na semana passada.)

> **Seid ihr durch den Park gelaufen?** *(zait ir durcH den pârk gue-lau-fen)* (Você correu pelo parque?)

> **Sie sind gestern im Theater gewesen.** *(zi zint gues-tern im te-a-ter gue-ve-zen)* (Eles estiveram no teatro ontem.)

LEMBRE-SE

Se a frase for uma pergunta, a forma correta de **haben** (ou **sein**) aparece como a primeira palavra da sentença. Se sua frase for uma afirmação direta, aparece como a segunda palavra da sentença.

Formando o particípio passado

O particípio passado é uma forma que você talvez queira aprender com cada novo verbo. Contudo, algumas regras facilitam a vida. Para aplicá-las, você precisa saber em qual categoria o verbo em questão se encaixa: verbos fracos ou fortes.

Verbos fracos (aqueles que precisam ir para a academia), também conhecidos como verbos regulares, formam o maior grupo de verbos do alemão. Ao formar o particípio passado de um verbo fraco, use a seguinte fórmula:

ge + **raiz do verbo** (o infinitivo menos **-en**) + **(e)t** = **particípio passado**

Veja como a fórmula funciona com o verbo **fragen** *(fra-guen)* (perguntar):

ge + **frag** + **t** = **gefragt** *(gue-fragkt)*

Em algumas palavras, você tem que adicionar um **-et**, em vez de **-t**, para que realmente possa pronunciá-la. Por exemplo, **reden** *(re-den)* (falar):

ge + **red** + **et** = **geredet** *(gue-reh-dêt)*

Outros verbos, os chamados verbos fortes (aqueles com peitoral e abdômen definidos), também conhecidos como verbos irregulares,

CAPÍTULO 2 **Gramática de Dieta: Só o Básico** 33

seguem um padrão diferente. Eles adicionam **ge-** no começo e **-en** no fim. Formar o particípio passado de um verbo forte implica no seguinte:

ge + **raiz do verbo** (o infinitivo menos **-en**) + **en** = **particípio passado**

O verbo **kommen** *(ko-men)* (vir) é um bom exemplo:

ge + **komm** + **en** = **gekommen** *(gue-komen)*

FALANDO DE GRAMÁTICA

Alguns verbos fortes mudam sua raiz ao formar um particípio passado. Ou seja, uma vogal e às vezes até uma consoante da raiz podem mudar.

O verbo **helfen** *(Hel-fen)* (ajudar) muda sua vogal da raiz:

ge + **holf** + **en** = **geholfen** *(gue-Hol-fen)*

O verbo **gehen** *(gue-en)* (ir) muda uma vogal e uma consoante!

ge + **gang** + **en** = **gegangen** *(gue-gan-gn)*

LEMBRE-SE

Gehen, que indica uma mudança de lugar, é um dos verbos conjugados (ou usados) com **sein**. Todos os verbos conjugados com **sein** são fortes. Então você precisa se lembrar de uma mudança de vogal e possivelmente de consoante para cada um deles. Memorize o particípio passado sempre que aprender um novo verbo usado com **sein**.

Escrevendo sobre o passado: Usando o passado simples

Jornais, livros e outras publicações usam o passado simples o tempo todo, mas é menos comum na fala. Uma exceção é o passado simples de **sein** *(zain)* (ser/estar). Essa forma é usada com frequência preferivelmente com o tempo perfeito tanto na fala quanto na escrita. A Tabela 2–2 mostra as várias formas do passado simples de **sein**.

TABELA 2–2 Formas do Passado Simples de Sein

Conjugação	Pronúncia	Tradução
ich war	*icH var*	eu era/estava
du warst	*du varst*	você era/estava (informal)
Sie waren	*zi va-ren*	você era/estava (formal)
er/sie/es war	*ér/zi/es vahr*	ele/ela/isso era/estava
wir waren	*vir va-ren*	nós éramos/estávamos
ihr wart	*ir vart*	vocês eram/estavam (informal)
Sie waren	*zi va-ren*	vocês eram/estavam (formal)
sie waren	*zi va-ren*	eles eram/estavam

Falando sobre o futuro

O alemão não usa o tempo futuro tão substancialmente quanto o português. Em muitas situações, você pode usar o presente, como no português também é possível (veja "Observando o presente", neste capítulo). Contudo, formar o futuro no alemão é bem similar às locuções verbais do português. Você pega o verbo **werden** (*ver-den*) (tornar-se) e adiciona um infinitivo.

A Tabela 2–3 mostra as formas de **werden** no presente.

TABELA 2-3 As Formas no Presente de Werden

Conjugação	Pronúncia	Tradução
ich werde	*icH ver-de*	eu irei
du wirst	*du virst*	você irá (informal)
Sie werden	*zi ver-den*	você irá (formal)
er/sie/es wird	*ér/zi/es virt*	ele/ela/isso irá
wir werden	*vir ver-den*	nós iremos
ihr werdet	*ir ver-det*	vocês irão (informal)
Sie werden	*zi ver-den*	vocês irão (formal)
sie werden	*zi ver-den*	eles irão

Os exemplos a seguir mostram como incorporar o futuro às sentenças:

» **Ich werde anrufen.** *(icH ver-de an-ru-fen)* (Farei uma ligação.)

» **Wir werden morgen kommen.** *(vir ver-den mór-guen kó-men)* (Nós viremos amanhã.)

» **Es wird regnen.** *(ês virt reg-nen)* (Vai chover.)

36   Guia de Conversação Alemão Para Leigos

Ficando Descolado: Verbos Reflexivos e Separáveis

Verbos alemães têm a reputação de agir de maneira um pouco estranha. Eles fazem coisas que verbos do português não fazem. Por exemplo, podem ficar no fim da frase. E às vezes podem se separar em dois, com apenas uma parte indo para o fim da frase!

Voltando para você: Verbos reflexivos

Alguns verbos alemães precisam de um *ajudante* — um pronome no caso acusativo — para funcionar. O pronome reflete a ação de volta (como um espelho) para o sujeito. É por isso que esses verbos são normalmente chamados de *verbos reflexivos*, e os pronomes, de *pronomes reflexivos.*

A tabela a seguir mostra os pronomes reflexivos acusativos:

Pronome Pessoal	Pronome Reflexivo
ich	**mich** *(micH)*
du	**dich** *(dicH)*
Sie	**sich** *(zicH)*
er	**sich** *(zicH)*
sie	**sich** *(zicH)*
es	**sich** *(zicH)*
wir	**uns** *(uns)*
ihr	**euch** *(óicH)*
Sie	**sich** *(zicH)*
sie	**sich** *(zicH)*

CAPÍTULO 2 **Gramática de Dieta: Só o Básico** 37

O pronome reflexivo vem depois do verbo conjugado em uma frase normal. Em uma pergunta começando com um verbo, o pronome reflexivo vem depois do sujeito. Dê uma olhada em alguns desses verbos reflexivos e pronomes reflexivos acusativos (note que estão em itálico) fazendo seu trabalho nas frases a seguir:

» **Ich *interessiere mich* für Bildhauerei.** *(icH in-te-re-sie-re micH fûûr bilt-Haue-rai)* (Estou interessado em escultura.) Literalmente, essa frase é traduzida como: Eu me interesso por esculturas. O sujeito **ich** é refletido no pronome **mich** (me).

» ***Freust* du *dich* auf deinen Urlaub?** *(fróist du dicH auf dai-nen ur-laup)* (Você está ansioso por suas férias?)

» **Herr Grobe *meldet sich* für einen Fotokurs an.** *(Her grô-be mél-det zicH fûûr ai-nen foh-to-kurs án)* (O sr. Grobe está se inscrevendo em uma aula de fotografia.)

» **Herr und Frau Weber *erholen sich* im Urlaub an der Küste.** *(Her unt frau ve-ber er-Hoh-len zicH im ur-laup an der kûûs-te)* (O sr. e a sra. Weber estão relaxando durante suas férias no litoral.)

Para lhe dar uma ajuda, podemos falar sobre alguns dos verbos reflexivos mais comuns que encontrará. Veja **sich freuen** *(zicH frói-en)* (ser feliz) como um exemplo.

Conjugação	Pronúncia
ich freue mich	*icH frói-e micH*
du freust dich	*du fróist dicH*
Sie freuen sich	*zii frói-en zicH*
er, sie, es freut sich	*ér, zi, ês fróit zicH*
wir freuen uns	*vir frói-en uns*
ihr freut euch	*ir fróit óicH*
Sie freuen sich	*zi frói-en zicH*
sie freuen sich	*zi frói-en zicH*

Outros verbos reflexivos muito comuns incluem:

- **sich aufregen** *(zicH auf-re-guen)* (ficar entusiasmado ou chateado)
- **sich freuen auf** *(zicH frói-en auf)* (ficar ansioso)
- **sich freuen über** *(zicH frói-en ûû-ber)* (ficar feliz com)
- **sich beeilen** *(zicH be-ai-len)* (apressar-se)
- **sich entscheiden** *(zicH ent-shai-den)* (decidir)
- **sich erinnern** *(zicH er-in-ern)* (lembrar)
- **sich gewöhnen an** *(zicH ge-voe-nen an)* (acostumar-se a)
- **sich interessieren für** *(zicH in-te-re-sii-ren fûûr)* (interessar-se por)
- **sich setzen** *(zicH zétsen)* (sentar-se)
- **sich unterhalten** *(zicH un-ter-Hál-ten)* (falar, divertir-se)
- **sich verspäten** *(zicH fer-shpêe-ten)* (estar atrasado)
- **sich vorstellen** *(zicH for-shté-len)* (apresentar-se, imaginar)

Sabendo quando separar seus verbos

FALANDO DE GRAMÁTICA

Muitos verbos do alemão têm prefixos que são palavras por si só (como as preposições **ab**, **an**, **um**, **ein** e **aus**). Esses prefixos são destacáveis do corpo do verbo quando usados no presente ou no passado simples. A raiz verbal recebe sua terminação esperada e assume seu lugar normal na frase, enquanto o prefixo pula para o final.

Dê uma olhada no verbo **ankommen** *(án-ko-men)* (chegar):

Der Zug kommt um 18.15 Uhr an. *(der tsug komt um acHt-tsen ur fûûnf-tsen ân)* (O trem chega às 18h15.)

CAPÍTULO 2 **Gramática de Dieta: Só o Básico** 39

Como você sabe se um verbo é separável? Duas coisas podem guiá-lo:

>> O verbo precisa ter uma preposição servindo como prefixo.

>> O infinitivo é enfatizado na primeira sílaba.

Aqui estão alguns verbos que seguem esse padrão:

>> **anfangen** *(an-fan-gn)* (começar)

>> **aufhören** *(auf-Hoe-ren)* (terminar)

>> **aufmachen** *(auf-ma-cHen)* (abrir)

>> **zumachen** *(tsu-ma-cHen)* (fechar)

>> **einsteigen** *(ain-shtái-guen)* (entrar)

>> **aussteigen** *(aus-shtái-guen)* (sair)

>> **aufstehen** *(auf-shte-en)* (levantar)

>> **zuhören** *(tsu-Hoe-ren)* (ouvir)

Colocando o Idioma no Caso Certo

Todas as línguas têm maneiras de mostrar qual papel cada substantivo tem em uma frase específica. Por exemplo, quem (ou o que) está fazendo o que para quem. Em português, você mostra o papel de um substantivo principalmente por sua posição em uma frase. Falantes de alemão, por outro lado, indicam a função de um substantivo em uma frase principalmente ao adicionar terminações para quaisquer artigos ou adjetivos que o acompanhem (e às vezes para o próprio substantivo).

Quando são usados em uma sentença, substantivos aparecem em um de quatro casos, dependendo de seu papel em uma frase: nominativo para o sujeito, acusativo para o objeto direto, dativo para o objeto indireto e genitivo para o possessivo.

Caso nominativo

O sujeito de uma frase está sempre no caso nominativo. Como regra geral, o sujeito é a pessoa ou coisa realizando a ação do verbo. Por exemplo, na frase **Der Junge nimmt den Kuchen** (*der iun-ge nimt deen ku-cHen*) (O menino pega o bolo), o menino é quem pega o bolo: ele é o sujeito da frase.

Caso acusativo

O objeto direto de uma frase está sempre no caso acusativo. O objeto direto é a pessoa ou coisa diretamente afetada pela ação do verbo. Então, na frase **Der Junge nimmt den Kuchen** (*der iun-ge nimt deen ku-cHen*) (O menino pega o bolo), o bolo é o objeto direto: é a coisa sendo pega.

Caso dativo

O objeto indireto de uma frase está sempre no caso dativo. Pense no objeto indireto como a pessoa ou coisa indiretamente afetada pela ação do verbo. Por exemplo, na frase **Der Junge gibt dem Hund den Kuchen** (*der iun-ge gibt deem Hunt deen kuu-cHen*) (O menino dá o bolo ao cachorro), o cachorro é o objeto indireto, aquele a quem o menino dá o bolo. (O bolo é o objeto direto, a coisa que é dada.)

Caso genitivo

O caso genitivo indica posse. A pessoa ou coisa que possui está no caso genitivo. Por exemplo, na frase **der Hund des Jungen** (*der Hunt des iun-gen*) (O cachorro do menino), o menino possui o cachorro, então o menino é quem está no caso genitivo.

Por que todos os casos são importantes

Dominar os vários casos é um passo complicado, mas necessário, ao estudar alemão. Veja bem, casos diferentes fazem os pronomes mudar de forma. E os casos também mudam as terminações de artigos e adjetivos.

Como os pronomes mudam

Pronomes são palavrinhas úteis que podem substituir substantivos. Eles são usados no lugar de substantivos como uma maneira de evitar repetições desajeitadas. A Tabela 2–4 mostra como os pronomes mudam de acordo com o caso.

TABELA 2–4 Pronomes Pessoais por Caso

Nominativo	Dativo	Acusativo	Português
ich	mir	mich	eu, a mim, me
du	dir	dich	você, a você, lhe (singular, tratamento informal)
Sie	Ihnen	Sie	você, a você, lhe (singular, tratamento formal)
er	ihm	ihn	ele, a ele, o
sie	ihr	sie	ela, a ela, a
es	ihm	es	ele/ela, a ele/a ela, o/a
wir	uns	uns	nós, a nós, nos
ihr	euch	euch	vocês, a vocês, lhes (plural, tratamento informal)
Sie	Ihnen	Sie	vocês, a vocês, lhes (plural, tratamento formal)
sie	ihnen	sie	eles, a eles, lhes

42 **Guia de Conversação Alemão Para Leigos**

A seguir está um exemplo do pronome da segunda pessoa do singular **du** aparecendo nos casos nominativo, dativo e acusativo, dependendo de sua função em uma frase.

>> **Du** bist müde. *(du bist mûû-de)* (Você está cansado.) **du** = nominativo

>> Ich gebe **dir** das Buch. *(icH gue-be diir das bucH)* (Estou lhe dando o livro.) **dir** = dativo

>> Ich frage **dich**. *(icH fra-gue dicH)* (Estou perguntando a você.) **dich** = acusativo

Como os artigos indefinidos mudam

As terminações que o artigo indefinido **ein** *(ain)* (um) recebe dependem de se ele acompanha o sujeito de uma frase (nominativo), um objeto genitivo, o objeto direto (acusativo) ou o objeto indireto (dativo).

A Tabela 2–5 mostra o artigo indefinido **ein** colocado em todos os casos.

TABELA 2-5   Terminações de Ein por Caso

Gênero	Nominativo	Genitivo	Dativo	Acusativo
Masculino	ein	eines	einem	einen
Feminino	eine	einer	einer	eine
Neutro	ein	eines	einem	ein

Os exemplos a seguir mostram o artigo indefinido **ein** com suas terminações masculinas adequadas aos quatro casos.

>> **Ein** Wagen steht auf der Straße. *(ain va-guen shteet auf der shtras-se)* (Um carro está parado na estrada.) **ein** = nominativo

CAPÍTULO 2 **Gramática de Dieta: Só o Básico**   43

>> Du liest das Buch **eines** Freundes. *(du liist das bucH ái-nes fróin-des)* (Você está lendo o livro de um amigo.) **eines** = genitivo

>> Ich leihe **einem** Freund mein Auto. *(icH lái-e ai-nem fróint main au-to)* (Vou emprestar meu carro a um amigo.) **einem** = dativo

>> Ich habe **einen** Hund. *(icH Ha-be ai-nen Hunt)* (Eu tenho um cachorro.) **einen** = acusativo

Como os artigos definidos mudam

Os artigos definidos também mudam dependendo de em qual caso são utilizados, como mostrado na Tabela 2-6.

TABELA 2-6   **Artigos Definidos por Caso**

Gênero	Nominativo	Genitivo	Dativo	Acusativo
Masculino	der	des	dem	den
Feminino	die	der	der	die
Neutro	das	des	dem	das
Plural	die	der	den	die

Os exemplos a seguir mostram o artigo definido masculino **der** com suas terminações adequadas aos quatro casos.

>> **Der** Wagen steht auf der Straße. *(der va-guen shteet auf der shtras-se)* (O carro está parado na estrada.) **der** = nominativo

>> Du liest das Buch **des** Freundes. *(du liist das bucH des fróin-des)* (Você está lendo o livro do amigo.) **des** = genitivo

>> Ich leihe **dem** Freund mein Auto. *(icH lai-e dem fróint máin au-to)* (Vou emprestar meu carro para o amigo.) **dem** = dativo

44   Guia de Conversação Alemão Para Leigos

> » Ich habe **den** Hund. *(icH Ha̲-be deen Hunt)* (Eu tenho o cachorro.)
> **den** = acusativo

Como os possessivos mudam

Pronomes possessivos estabelecem posse. Marcam a diferença entre o que pertence a você ("seu livro"), o que me pertence ("meu livro"), e assim por diante. Aqui está um resumo das formas para as diferentes pessoas:

- » **mein** *(máin)* (meu)
- » **dein** *(dáin)* (seu) (tratamento informal)
- » **Ihr** *(iir)* (seu) (tratamento formal)
- » **sein/ihr/sein** *(záin/ir/záin)* (dele/dela)
- » **unser** *(u̲n-zer)* (nosso)
- » **euer** *(ói-er)* (seus) (tratamento informal)
- » **Ihr** *(ir)* (seus) (tratamento formal)
- » **ihr** *(ir)* (deles)

A Tabela 2–7 apresenta todas as formas no singular de um possessivo de amostra, **mein** *(máin)*. Os outros possessivos recebem as mesmas terminações. Elas podem parecer familiares; são as mesmas para o artigo indefinido **ein**.

TABELA 2-7   **Terminações de Possessivos por Caso**

Gênero	Nominativo	Genitivo	Dativo	Acusativo
Masculino	mein	meines	meinem	meinen
Feminino	meine	meiner	meiner	meine
Neutro	mein	meines	meinem	mein

CAPÍTULO 2 **Gramática de Dieta: Só o Básico**   45

Como as terminações de adjetivos mudam

Adjetivos que acompanham substantivos mudam suas terminações dependendo do papel do substantivo na frase, como mostrado na Tabela 2–8.

TABELA 2-8 Terminações para Adjetivos Precedidos por Artigos Definidos e Indefinidos

Gênero	Nominativo	Genitivo	Dativo	Acusativo
Masculino	e/er	en/en	en/en	en/en
Feminino	e/e	en/en	en/en	e/e
Neutro	e/es	en/en	en/en	e/es

Para ilustrar as terminações mostradas na Tabela 2–8, fornecemos exemplos de substantivos acompanhados por um adjetivo e pelo artigo definido ou indefinido, respectivamente, nas Tabelas 2–9 e 2–10.

TABELA 2-9 Exemplos de Terminações de Adjetivos Precedidos por Artigos Indefinidos

Gênero	Nominativo	Genitivo	Dativo	Acusativo
Masculino	ein schöner Garten	eines schönen Gartens	einem schönen Garten	einen schönen Garten
Feminino	eine weiße Tür	einer weißen Tür	einer weißen Tür	eine weiße Tür
Neutro	ein kleines Haus	eines kleinen Hauses	einem kleinen Haus	ein kleines Haus

46 Guia de Conversação Alemão Para Leigos

TABELA 2-10 Exemplos de Terminações de Adjetivos Precedidos por Artigos Definidos

Gênero	Nominativo	Genitivo	Dativo	Acusativo
Masculino	der schöne Garten	des schönen Gartens	dem schönen Garten	den schönen Garten
Feminino	die weiße Tür	der weißen Tür	der weißen Tür	die weiße Tür
Neutro	das kleine Haus	des kleinen Hauses	dem kleinen Haus	das kleine Haus

Sendo Formal ou Informal

Os alemães são famosos pela formalidade, uma impressão que pode, pelo menos até certo ponto, ser criada pela distinção que fazem entre maneiras diferentes de dizer "você". Em alemão, você usa ou o formal **Sie** *(zi)* ou o informal **du** *(du)* — dependendo de a quem se dirige.

Observar a distinção entre as duas formas de "você" é muito importante: as pessoas o considerarão mal-educado se usar a maneira informal de se dirigir a elas em uma situação que pede formalidade.

LEMBRE-SE

Em geral, você usa o **Sie**, formal, quando se dirige a alguém que não conhece: uma autoridade, um superior ou alguém que é mais velho que você. À medida que conhece alguém melhor, pode mudar para **du**. Há até um verbo para usar com o "você" informal — **duzen** *(du-tsen)*. **Wir duzen uns** *(vir du-tsen unts)* significa "Estamos usando o você informal".

No entanto, a língua alemã não tem nenhuma regra fixa e tem várias exceções quando se trata de usar **du** ou **Sie**. Por exemplo, digamos que esteja viajando na Alemanha e um dos seus amigos alemães o

CAPÍTULO 2 **Gramática de Dieta: Só o Básico** 47

leva para uma festa. Embora não conheça ninguém lá, eles podem se dirigir a você com **du**, o que particularmente se aplica se forem pessoas mais jovens, e provavelmente esperarão que se dirija a eles também com **du**. Basicamente, tudo depende do ambiente. Em alguns escritórios, colegas de trabalho se dirigem uns aos outros com **du**, e, em outros, todo mundo fica com a formalidade do **Sie**.

DICA

Se tiver um mínimo de dúvida se deve usar **du** ou **Sie**, opte por **Sie** até que a pessoa a quem se dirige peça para que use **du** ou se dirija a você dessa maneira.

NESTE CAPÍTULO

» Contando até 10

» Dizendo as horas

» Marcando o calendário

» Gastando dinheiro

Capítulo **3**

Sopa Numérica: Contagem de Todos os Tipos

Os números movimentam o mundo. Ou seria o dinheiro? Bem, provavelmente ambos. Este capítulo resume números e vocabulário financeiro e também mostra como falar as horas e navegar pelos meses do ano.

1, 2, 3: Números Cardinais

Números cardinais são importantes ao falar sobre quantidades, dizer as horas ou fazer câmbio monetário.

0 null *(nul)*

1 eins *(aints)*

2 zwei *(tsuai)*

3 drei *(drai)*

4 vier *(fir)*

5 fünf *(fûûnf)*

6 sechs *(zéks)*

7 sieben *(ziben)*

8 acht *(acHt)*

9 neun *(nóin)*

10 zehn *(tseen)*

11 elf *(élf)*

12 zwölf *(tsuélf)*

13 dreizehn *(drai-tsen)*

14 vierzehn *(fir-tsen)*

15 fünfzehn *(fûûnf-tsen)*

16 sechzehn *(zécH-tsen)*

17 siebzehn *(zib-tsen)*

18 achtzehn *(acH-tsen)*

19 neunzehn *(nóin-tsen)*

20 zwanzig *(tsuán-tsigk)*

21 einundzwanzig *(áin-unt-tsuán-tsigk)*

22 zweiundzwanzig *(tsuai-unt-tzuan-tsigk)*

23 dreiundzwanzig *(drai-unt-tsuan-tsigk)*

24 vierundzwanzig *(fir-unt-tsuan-tsigk)*

25 fünfundzwanzig *(fûûnf-unt-tsuan-tsigk)*

30 dreissig *(draissigk)*

40 vierzig (_fir_-tsigk)

50 fünfzig (_fûûnf_-tsigk)

60 sechzig (_sécH_-tsigk)

70 siebzig (_zib_-tsigk)

80 achtzig (_acH_-tsigk)

90 neunzig (_nóin_-tsigk)

100 hundert (_Hun_-dert)

200 zweihundert (_tsuai_-Hun-dert)

300 dreihundert (_drai_-Hun-dert)

400 vierhundert (_fir_-Hun-dert)

500 fünfhundert (_fûûnf_-Hun-dert)

1.000 tausend (_tau_-zent)

LEMBRE-SE

Você pode achar que muitos dos números entre 20 e 100 parecem estar ao contrário em um primeiro momento. Só olhe para o 21, **einundzwanzig** (_ain_-unt-tsuan-tsigk). O que você realmente diz é "um e vinte". Lembre-se de manter esse padrão para todos os números de dois dígitos.

Se precisar escrever um número muito grande ou muito pequeno, precisará de pontos e vírgulas decimais. A vírgula **(Komma)** é utilizada para dividir números pequenos, como no português:

20,75   490,99   3.675,50

E é assim que você diz um desses números: 20,75 = **zwanzig Komma sieben fünf** (_tsuan_-tsigk _ko_-ma _zi_-ben _fûûnf_).

Você usa um ponto para dividir números grandes:

100.000 dólares

O Primeiro, o Segundo, o Terceiro e Assim por Diante

Palavras como segundo, terceiro e quarto representam os *números ordinais*. Elas se referem a um número específico em uma série e respondem à pergunta "Qual?". Por exemplo: "O segundo à esquerda."

FALANDO DE GRAMÁTICA

Em alemão você forma os números ordinais ao adicionar o sufixo "te" aos números cardinais para números entre 1 e 19 — com duas exceções, que são:

» **eins** *(ains)* (um)/**erste** *(ers-te)* (primeiro)

» **drei** *(drai)* (três)/**dritte** *(dri-te)* (terceiro)

A Tabela 3–1 mostra como formar os ordinais de números de 1 até 10 e um exemplo de um número ordinal formado com um número maior do que 13.

TABELA 3-1 Amostra de Números Ordinais por Número Cardinal

Número Cardinal	Número Ordinal
eins *(ains)* (um)	der/die/das erste (*ers*-te) (primeiro)
zwei *(tsuai)* (dois)	zweite (*tsuai*-te) (segundo)
drei *(drai)* (três)	dritte (*dri*-te) (terceiro)
vier *(fiir)* (quatro)	vierte (*fir*-te) (quarto)
fünf *(fûûnf)* (cinco)	fünfte (*fûûnf*-te) (quinto)
sechs *(zéks)* (seis)	sechste (*zêeks*-te) (sexto)

52   Guia de Conversação Alemão Para Leigos

Número Cardinal	Número Ordinal
sieben *(ziiben)* (sete)	siebte (<u>zib</u>-te) (sétimo)
acht *(acHt)* (oito)	achte (<u>acH</u>-te) (oitavo)
neun *(nóin)* (nove)	neunte (<u>nóin</u>-te) (nono)
zehn *(tsen)* (dez)	zehnte (<u>tsen</u>-te) (décimo)
siebzehn *(<u>zib</u>-tsen)* (dezessete)	siebzehnte (<u>zib</u>-tsen-te) (décimo sétimo)

Você forma os ordinais acima de 19 ao adicionar o sufixo "ste" aos números cardinais. Por exemplo:

» **zwanzig** *(<u>tsuan</u>-tsigk)* (vinte)/**zwanzigste** (tsuan-tsigks-te) (vigésimo)

» **dreissig** *(<u>drai</u>-sigk)* (trinta)/**dreissigste** *(<u>drai</u>-sigks-te)* (trigésimo)

» **vierzig** *(<u>fir</u>-tsigk)* (quarenta)/**vierzigste** *(<u>fir</u>-tsigks-te)* (quadragésimo)

FALANDO DE GRAMÁTICA

Como números ordinais são adjetivos, recebem o gênero e o caso do substantivo ao qual se referem. A Tabela 3–2 mostra como o adjetivo **erste** *(ers-te)* (primeiro) muda em cada caso junto com o artigo que o precede.

TABELA 3-2 Conjugando Erste (<u>ers</u>-te) (primeiro)

Gênero do Substantivo	Nominativo	Genitivo	Dativo	Acusativo
Masculino (der)	der erste	des ersten	dem ersten	den ersten
Feminino (die)	die erste	der ersten	der ersten	die erste
Neutro (das)	das erste	des ersten	dem ersten	das erste
Plural (die)	die ersten	der ersten	den ersten	die ersten

CAPÍTULO 3 **Sopa Numérica: Contagem de Todos os Tipos**   53

Dizendo as Horas

Para perguntar as horas em alemão, você pode usar uma das frases a seguir:

> » **Wie viel Uhr ist es?** *(vi fil ur ist es)* (Que horas são?)
>
> » **Wie spät ist es?** *(vi shpet ist es)* (Que horas são?)

Falantes de alemão respondem a essas perguntas de dois jeitos: do "antigo", que usa os números em um relógio padrão (1 a 12), ou no formato de 24 horas, que discutimos em "Usando a rotina das 24 horas: 0 a 24", posteriormente neste capítulo.

SABEDORIA CULTURAL

Muitos falantes de alemão usam o formato de 12 horas ao falar casualmente e revertem para o formato de 24 horas quando querem ter certeza de não haver mal-entendidos, por exemplo, ao discutir cronogramas.

Falando as horas do jeito "antigo": 1 a 12

Falar as horas nas horas cheias no sistema de 12 horas é muito fácil. Você só diz:

Es ist... Uhr. *(es ist... ur)* (São... horas) substituindo o número adequado à hora.

As frases a seguir mostram como usar a palavra em alemão para indicar quinze minutos (é claro, você precisa inserir a hora adequada nas frases):

> » **Es ist Viertel nach...** *(es ist fir-tl nacH...)* (São quinze minutos passados das...)
>
> » **Es ist Viertel vor...** *(es ist fir-tl for...)* (São quinze para as...)
>
> » **Es ist Dreiviertel...** *(es ist drai-fir-tl...)* (São quinze para as...)

Ao falar sobre meia hora, os falantes de alemão se referem à meia hora antes da próxima hora, em vez da meia hora depois da última. Por exemplo, quando são 4h30, você diz que falta meia hora para as 5h, em vez de dizer 4h e meia. Em alemão, para dizer 4h30, você diz **Es ist halb fünf** *(es ist halp fûûnf)*.

Es ist halb... *(es ist halp...)* (É meia hora antes das...)

Para expressar uma hora em relação aos minutos antes ou depois da hora:

» **Es ist fünf Minuten vor zwölf.** *(es ist fûûnf mi-nu-ten for tsuoelf)* (São cinco para o meio-dia.)

» **Es ist zwanzig Minuten nach sechs.** *(es ist tsuan-tsik mi-nu-ten nacH seks)* (São vinte minutos passados das seis.)

LEMBRE-SE

É comum deixar de lado a palavra **Minuten** em frases como essas da lista anterior. Não se confunda ao ouvir alguém dizer **Es ist fünf vor zwölf**, em vez de **Es ist fünf Minuten vor zwölf**.

Usando a rotina de 24 horas: 0 a 24

Com o sistema de 24 horas, depois que chegar a 12, continue adicionando horas até chegar a 24 ou **Mitternacht** *(mi-ter-nacHt)* (meia-noite), que também é chamada de **null Uhr** *(nul ur)* (literalmente: zero hora).

Nesse sistema de falar as horas, tudo é expresso em termos de minutos depois da hora. Note nos exemplos a seguir como a hora vem antes, seguida pelos minutos:

» **Es ist 15 Uhr dreißig.** *(es ist fûûnf-tsen ur drais-sigk)* (São 15 [horas] e 30.) Isso corresponde a 3h30 da tarde.

» **Es ist 21 Uhr fünfzehn.** *(es ist ain-und-tsuan-tzigk ur fûûnf-tsen)* (São 21 [horas] e 15.) Ou 9h15 da noite, para nós.

CAPÍTULO 3 **Sopa Numérica: Contagem de Todos os Tipos** 55

> » **Es ist 22 Uhr vierundvierzig.** *(es ist tsuai-und-tsuan-tsigk ur fir-un-fir-tsigk)* (São 22 [horas] e 44.) Você entendeu — são 10h44 da noite.
>
> » **Es ist null Uhr siebenundreißig.** *(es ist nul ur zi-ben-und-drais-sigk)* (São zero horas e 37.) Você não acha que está na hora de dormir? São 0h37 da madrugada!

Períodos do dia

Esta seção mostra em detalhes como o dia é dividido em alemão. Mas não siga esses períodos de tempo muito à risca, são apenas uma orientação. Como no português, pessoas diferentes têm ideias levemente diferentes sobre quando uma parte do dia começa e a outra termina.

» **der Morgen** *(der mor-guen)* (manhã; das 4h ao meio-dia)

» **der Vormittag** *(der for-mi-tagk)* (manhã; das 9h ao meio-dia)

» **der Mittag** *(der mi-tagk)* (meio-dia; das 12h às 14h)

» **der Nachmittag** *(der nacH-mi-tagk)* (tarde; das 14h às 18h)

» **der Abend** *(der a-bent)* (noite; das 18h às 0h)

» **die Nacht** *(di nacHt)* (madrugada; das 0h às 4h)

Segunda, Terça: Dias da Semana

Os dias **die Woche** *(di wó-cHe)* (da semana) a seguir são todos do mesmo gênero, masculino **(der)**, mas geralmente são usados sem um artigo. Por exemplo, se quisesse dizer que hoje é segunda-feira, você falaria **Heute ist Montag** *(Hói-te ist môn-tagk)*.

Sem mais delongas, os dias da semana são os seguintes:

» **Montag** *(môn-tagk)* (segunda-feira)

56   Guia de Conversação Alemão Para Leigos

- » **Dienstag** *(diins-tagk)* (terça-feira)
- » **Mittwoch** *(mit-vocH)* (quarta-feira)
- » **Donnerstag** *(doners-tagk)* (quinta-feira)
- » **Freitag** *(frai-tagk)* (sexta-feira)
- » **Samstag/Sonnabend** *(zams-tagk/zón-a-bent)* (sábado)
- » **Sonntag** *(zon-tagk)* (domingo)

SABEDORIA CULTURAL

Lembre-se de que a semana alemã começa na segunda-feira, e não no domingo.

As formas a seguir indicam que algo sempre acontece em um dia específico da semana. Por exemplo, você pode ir a um museu ou restaurante e descobrir que está fechado. Ele pode ter uma placa na porta dizendo **montags geschlossen** *(mon-tagks gue-shlóssen)* (fechado às segundas-feiras):

- » **montags** *(môn-tagks)* (segundas-feiras)
- » **dienstags** *(dins-tagks)* (terças-feiras)
- » **mittwochs** *(mit-vocHs)* (quartas-feiras)
- » **donnerstags** *(doners-tagks)* (quintas-feiras)
- » **freitags** *(frai-tagks)* (sextas-feiras)
- » **samstags/sonnabends** *(zams-tagks/zon-a-bênts)* (sábados)
- » **sonntags** *(zon-tagks)* (domingos)

Se hoje é segunda-feira e você quiser se referir a um evento que acontecerá na terça, não diz "Isso acontecerá na terça-feira"; em vez disso, diz "Isso acontecerá amanhã". Use as palavras a seguir para se referir a dias específicos:

- » **heute** *(Hói-te)* (hoje)
- » **gestern** *(gués-tern)* (ontem)
- » **vorgestern** *(for-gués-tern)* (anteontem)
- » **morgen** *(mór-guen)* (amanhã)
- » **übermorgen** *(ûû-ber-mór-guen)* (depois de amanhã)

Para falar precisamente sobre um horário determinado, em um dia específico, você pode combinar as palavras anteriores com os períodos do dia. Experimente os exemplos a seguir:

- » **heute Morgen** *(Hói-te mór-guen)* (esta manhã)
- » **heute Vormittag** *(Hói-te vor-mi-tagk)* (esta manhã)
- » **gestern Abend** *(gues-tern a-bent)* (ontem à noite)

FALANDO DE GRAMÁTICA

A palavra **morgen** *(mór-guen)* aparece em duas versões diferentes. Escrita com um "m" minúsculo, **morgen** significa amanhã. O substantivo **der Morgen**, escrito com um "m" maiúsculo, significa manhã. Teoricamente, você poderia dizer "morgen Morgen" para falar "amanhã de manhã", mas os falantes de alemão não fazem isso. Eles dizem **morgen früh** *(mór-guen frûû)*.

Contudo, Morgen, morgen existe. É o começo de um provérbio alemão, e às vezes apenas seu começo auspicioso é evocado. O provérbio completo é:

Morgen, morgen, nur nicht heute, sagen alle faulen Leute.
(mór-guen, mór-guen, nur nicHt Hói-te za-guen a-le fau-len lói-te)
(Amanhã, amanhã, hoje não, é isso que dizem todas as pessoas preguiçosas.)

Usando o Calendário e as Datas

Abril, junho, setembro e novembro podem ter 30 dias. Mas não fique muito confiante, você ainda precisa estudar o calendário.

Cobrindo as unidades do calendário

As frases a seguir mostram como construir o calendário, **der Kalender** *(der ka-lên-der)*, em alemão:

>> **Ein Jahr hat 12 Monate**. *(ain iar Hat tsuoelf mo-na-te)* (Um ano tem 12 meses.)

>> **Ein Monat hat 30 oder 31 Tage.** *(ain mo-nat Hat drai-ssigk o-der ain-unt-drái-sigk ta-gue)* (Um mês tem 30 ou 31 dias.)

>> **Der Februar hat 28 oder 29 Tage.** *(der fê-bru-ar Hat acHt-un-tsuán-tsigk o-der nóin-un-tsuán-tsigk tague)* (Fevereiro tem 28 ou 29 dias.)

>> **Eine Woche hat 7 Tage.** *(ai-ne vó-cHe Hat zii-ben ta-gue)* (Uma semana tem sete dias.)

Os nomes básicos dos meses

A lista a seguir mostra todos os nomes dos meses, que são masculinos, o que significa que seu artigo é **der:**

>> **Januar** *(ia-nu-ar)* (janeiro)

>> **Februar** *(fê-bru-ar)* (fevereiro)

>> **März** *(mérts)* (março)

>> **April** *(a-pril)* (abril)

>> **Mai** *(mai)* (maio)

>> **Juni** *(iu-ni)* (junho)

- » **Juli** *(iu-li)* (julho)

- » **August** *(au-gust)* (agosto)

- » **September** *(zep-têm-ber)* (setembro)

- » **Oktober** *(ok-to-ber)* (outubro)

- » **November** *(no-vêm-ber)* (novembro)

- » **Dezember** *(de-tsêm-ber)* (dezembro)

Descrevendo eventos em meses específicos

Se algo acontece em um mês específico, combine o nome do mês com a preposição **im**:

- » **Ich fliege im Januar ab.** *(icH fli-gue im ia-nu-ar ap)* (Eu viajo em janeiro.)

- » **Ich fliege im Februar zurück.** *(icH fli-gue im fê-bru-ar tsu-rûûk)* (Viajo de volta em fevereiro.)

- » **Im März werde ich zu Hause sein.** *(im mérts ver-de icH tsu Hau-ze zéin)* (Em março estarei em casa.)

Nomeando épocas específicas nos meses

Se precisar especificar a época do mês, as frases a seguir o ajudam a limitar o período:

- » **Anfang Januar** *(an-fang ia-nu-ar)* (no começo de janeiro)

- » **Mitte Februar** *(mi-te fe-bru-ar)* (no meio de fevereiro)

- » **Ende März** *(én-de mérts)* (no final de março)

Claro, você pode substituir o mês por qualquer outro depois de **Anfang**, **Mitte** e **Ende**:

> » **Anfang April fliegen wir nach Berlin.** *(an-fang a-pril fli-guen viir nacH bêr-liin)* (No começo de abril viajaremos para Berlim.)

> » **Ich werde Ende Mai verreisen.** *(icH vêr-de én-de mai fêr-rai-zen)* (Viajarei no final de maio.)

> » **Herr Behr wird Mitte Februar in Skiurlaub fahren.** *(Her ber virt mi-te fê-bru-ar in skii-ur-laup fa-ren)* (O sr. Behr partirá em uma viagem de esqui no meio de fevereiro.)

Acompanhando as datas

Ao falar sobre a data, **das Datum** *(das dá-tum)*, o dia sempre vem primeiro, e o mês, em segundo (veja a Tabela 3–3), como em português. Note o ponto depois do numeral identificando que é um número ordinal.

TABELA 3–3   Datas em Alemão, Versão Estendida

Escreva	Diga	Pronúncia
1. Januar 2000	erster Januar Zweitausend	*ers*-ter ia-nu-ar tsuái-*tau*-zennt
10. Juni 1999	zehnter Juni Neunzehnhundert-neunundneunzig	*tsen*-ter iu-nii *nóin*-tsen-Hun-dêrt-*nóin*-unt-*nóin*-tsigk
20. März 1888	zwanzigster März Achtzehnhundert-achtundachtzig	*tsuán*-tsigk-ster mérts *acH*-tsen-Hun-dêrt *acHt*-unt-*acHt*-tsigk

E agora a versão resumida, que é popular tanto na língua falada quanto na escrita (veja a Tabela 3–4). Como em português, o dia vem primeiro, e o mês, em segundo. Novamente, note os pontos depois dos numerais (tanto o dia quanto o mês são ordinais).

TABELA 3-4   Datas Alemãs, Versão Resumida

Escreva	Diga	Pronúncia
1.1.2000	erster erster Zweitausend	_ers_-ter _ers_-ter tsuái-_táu_-zent
2.4.1999	zweiter vierter Neunzehnhundert-neunundneunzig	_tsuái_-ter _fir_-ter _nóin_-tsen-Hun-dert-_nóin_-unt-_nóin_-tsigk
3.5.1617	dritter fünfter Sechzehnhundert-siebzehn	_dri_-ter _fûûnf_-ter _sêcH_-tsen-Hun-dert-_zip_-tsen

Se quiser descobrir qual é a data de hoje, você pergunta:

Den Wievielten haben wir heute? *(den vi-fil-ten Ha-ben vir Hói-te)* (Que dia é hoje?)

A resposta será uma das seguintes:

» **Heute haben wir den...** *(Hói-te Ha-ben vir den)* (Hoje temos o...)

» **Heute ist der...** *(Hói-te ist der)* (Hoje é...)

FALANDO DE GRAMÁTICA

Ouve-se o nome de um ano integrado a uma frase de duas maneiras. A primeira, mais longa, usa a preposição **im** para criar a frase **"im Jahr..."**, e a segunda, mais curta, não usa:

» **Im Jahr 2000 fährt Herr Diebold in die USA.** *(im iar tsuay-tau-zent fert Her di-bolt in di u-es-a)* (No ano 2020, o sr. Diebold irá para os Estados Unidos.)

> **1999 war er in Kanada.** *(nóin-tsen-Hun-dert-nóin-unt-nóin-tsigk var er in ka-na-da)* (Em 1999, ele estava no Canadá.)

Palavras a Saber

das Datum	*das da-tum*	data
das Jahr	*das iar*	ano
der Kalender	*der ka-len-der*	calendário
der Monat	*der mô-nat*	mês
der Tag	*der tag*	dia
das Vierteljahr	*das fir-tel-iar*	um quarto
die Woche	*di vo-cHe*	semana

Grana, Grana, Grana

Nesta seção mostramos como falar sobre dinheiro. Esteja você falando com um caixa paciente ou com um caixa eletrônico ultra-ficiente e impessoal, um punhado de expressões podem lhe render... bem, um bolso cheio de dinheiro.

Câmbio de moedas

Para falar sobre câmbio de moedas, tudo de que você precisa são as seguintes frases:

> **Ich möchte... Dollar in Euro einwechseln/tauschen.** *(icH moecH-te... do-lar in ói-ro ain-vek-seln/tau-shen)* (Eu gostaria de trocar... dólares por euros.)

> **Wie ist der Wechselkurs?** *(vi ist der vek-sel-kurs)* (Qual é a taxa de câmbio?)

CAPÍTULO 3 **Sopa Numérica: Contagem de Todos os Tipos** 63

> » **Wie hoch sind die Gebühren?** *(vi HocH zint di gue-bûû-ren)* (Quais são as taxas?)

> » **Nehmen Sie Reiseschecks?** *(neh-men zi rai-ze-sheks)* (Vocês aceitam cheques de viagem?)

Palavras a Saber

der Ankauf	*der an-kauf*	compra/aquisição
sich ausweisen	*zicH aus-vaizen*	identificar-se
das Bargeld	*das bar-guelt*	dinheiro
eine Gebühr bezahlen	*ai-ne ge-bûûr be-tsah-len*	pagar uma taxa
Geld tauschen/ wechseln	*gelt tau-shen/vek-seln*	trocar dinheiro
in bar	*in bar*	em dinheiro
Kasse	*kas-se*	caixa
einen Reise-scheck einlösen	*ai-nen rai-ze-shek ain-loe-zen*	resgatar um cheque de viagem
der Schalter	*der shal-ter*	janela do caixa
der Verkauf	*der fer-kauf*	venda
der Wechselkurs	*der vek-sel-kurs*	taxa de câmbio
Wechselstube	*vek-sel-stu-be*	casa de câmbio

LEMBRE-SE

Ao trocar dinheiro, podem pedir sua identidade, então você precisa ter consigo um passaporte **(Reisepass)** (_rai_-ze-pass) ou outro tipo de identificação com foto. O caixa lhe pedirá:

Können Sie sich ausweisen? (_koe_-nen zi zicH au_s_-vai-zen) (Você pode se identificar?)

Depois de provar que você é quem diz ser, o caixa pode lhe perguntar como quer o dinheiro:

Wie hätten Sie das Geld gern? (vi Hé-ten zi das guelt guern) (Como você quer o dinheiro?)

E você pode responder:

In Zehnern/in Zwanzigern/in Fünfzigern/in Hundertern, bitte. (in _tse_-nern/in _tsuan_-zi-guern/in _fûûnf_-tsi-guern/in H_un_-der-tern, _bi_-te) (Em notas de 10/20/50/100, por favor.)

Indo ao caixa eletrônico

Em vez de trocar dinheiro no caixa de um banco, você também pode usar um caixa eletrônico, chamado de **Geldautomat** (_guelt_-au-to-_mat_). Uma operação rotineira no caixa eletrônico é parecida com isto:

- **Karte einführen** (_kar_-te _ain_-fûû-ren) (Insira o cartão)
- **Sprache wählen** (_shpra_-cHe _vê_-len) (Escolha um idioma)
- **Geheimzahl eingeben** (ge-_Haim_-tsal _ain_-gue-ben) (Insira o PIN)
- **Betrag eingeben** (be-_tragk_ _an_-gue-ben) (Insira a quantia)
- **Betrag bestätigen** (be-_tragk_ be-_steh_-ti-guen) (Confirme a quantia)
- **Karte entnehmen** (_kar_-te ent-_ne_-men) (Remova o cartão)
- **Geldbetrag entnehmen** (_guelt_-be-tragk ent-_ne_-men) (Pegue o dinheiro)

CAPÍTULO 3 **Sopa Numérica: Contagem de Todos os Tipos** 65

Se tiver azar, verá as seguintes mensagens:

Geldautomat außer Betrieb. (_guelt_-au-to-_mat_ _aus_-ser be-_trip_) (Caixa eletrônico sem serviço.)

Die Karte ist ungültig./Die Karte ist nicht zugelassen. (_di kar_-te ist _un_-gûûl-tigk./di _kar_-te ist nicHt _tsu_-gue-lasen) (O cartão é inválido.)

Die Karte wurde einbehalten. Bitte besuchen Sie uns am Schalter. (_di kar_-te _vur_-de _ain_-be-Halten. _bi_-te be-_zu_-cHen zee uns am _shal_-ter) (O cartão ficou retido. Por favor, dirija-se ao caixa.)

NESTE CAPÍTULO

» Apresentando-se

» Falando sobre sua vida

» Conversando com a família

» Falando sobre o tempo

Capítulo **4**

Fazendo Novos Amigos e Jogando Conversa Fora

Cumprimentos e apresentações são o primeiro passo para estabelecer contato com outras pessoas e passar uma boa primeira impressão. Se feito corretamente, o primeiro contato abre portas para você e o ajuda a conhecer pessoas. Se estragar seus cumprimentos e apresentações, pode, na melhor das hipóteses, encontrar alguns olhares interrogativos — e, no pior cenário possível, acabar ofendendo a pessoa a quem se dirige! Leia este capítulo para ter certeza de não passar vergonha.

Olá! Cumprimentos e Apresentações

As seções a seguir apresentam vários cumprimentos do alemão essenciais para um iniciante na língua.

Dizendo oi e tchau

A primeira parte do seu cumprimento é um oi básico. A maneira de dizer oi depende de qual é o período do dia. Opções comumente usadas incluem:

» **Guten Morgen!** *(guten mór-guen)* (Bom dia!) Use esse cumprimento pela manhã (até cerca de meio-dia).

» **Guten Tag!** *(guten tagk)* (Bom dia!) Esse cumprimento é o mais comum, exceto bem cedo pela manhã e tarde do dia.

» **Guten Abend!** *(guten a-bent)* (Boa noite!) Obviamente, é o cumprimento escolhido para a noite.

» **Hallo!** *(Hâ-lo)* (Olá!) Esse cumprimento parece familiar? É basicamente o mesmo "alô" do português.

Quando precisar sair, pode dizer

» **Auf Wiedersehen!** *(owf vi-der-zehn)* (Tchau!) (formal)

» **Tschüß!** *(tshûûss)* (Tchau!) (informal)

» **War nett, Sie kennenzulernen.** *(var net, zi ken-nen-tsu-ler-nen)* (Foi um prazer conhecê-lo.)

» **Gute Nacht!** *(gu-te nacHt)* (Boa noite!) Use esse cumprimento ao dizer tchau tarde da noite.

Perguntando "Como vai você?"

Quando você fala "Como vai você?", usa a versão formal ou informal da pergunta, dependendo de com quem fala. Você também deve se lembrar de usar o caso dativo dos pronomes pessoais **ich**, **du** ou **Sie**. (Veja o Capítulo 2 para mais informações sobre o caso dativo.)

A Tabela 4–1 mostra como o caso dativo funciona.

TABELA 4–1   Pronomes Pessoais, Caso Dativo

Pronome	Caso Nominativo	Caso Dativo
eu	ich	mir
você (informal)	du	dir
você	Sie	Ihnen

A versão formal de "Como vai você?" é:

Wie geht es Ihnen? *(vi guet es i-nen)* (Como vai você? [Literalmente: "Como está indo?"])

Mais informalmente, você usa **dir:**

Wie geht es dir? *(vi guet es dir)* (Como vai você?)

Se conhece alguém realmente bem, pode usar a versão mais casual da pergunta:

Wie geht's? *(vi guets)* (Como você está?)

Respondendo a "Como vai você?"

Em português, falar "Como vai você?" é, normalmente, só um jeito de dizer oi, e ninguém espera que respondam. Em alemão, no entanto, as pessoas normalmente esperam uma resposta. A seguir estão respostas aceitáveis para a pergunta "Como vai você?":

CAPÍTULO 4 **Fazendo Novos Amigos e Jogando Conversa Fora**   69

>> **Danke, gut.** *(dân-ke, gut)*/**Gut, danke**. *(gut, dan-ke)* (Obrigado, estou bem./Bem, obrigado.) A tradução literal seria "Obrigado, bem."/"Bem, obrigado.".

>> **Ser gut.** *(zer gut)* (Muito bem.)

>> **Ganz gut.** *(gants gut)* (Muito bem.)

>> **Es geht.** *(es gueet)* (Mais ou menos.) A expressão alemã realmente significa "indo" e, como em português, significa que a pessoa não está indo muito bem.

>> **Nicht so gut.** *(nicHt zo gut)* (Não tão bem.)

Como em português, a resposta normalmente vem acompanhada pela pergunta "E (como vai) você?", que é fácil. Primeiro a versão formal:

>> **Und Ihnen?** *(unt i-nen)* (E você? [Formal])

>> **Und dir?** *(unt dir)* (E você? [Informal])

Apresentando a si mesmo e aos outros

Conhecer e cumprimentar normalmente exige apresentações. Para apresentar-se, você pode usar uma das duas maneiras a seguir de dizer o seu nome para as pessoas. Uma delas é:

Mein Name ist... *(main na-me isst)* (Meu nome é...)

Há também um verbo que expressa a mesma ideia, **heißen** *(Hai-ssen)*, que significa "chamar-se":

Ich heiße... *(icH hai-sse)* (Eu me chamo...)

Para apresentar outra pessoa, você só precisa das palavras:

Das ist... *(das isst)* (Este[a] é...)

Então você simplesmente adiciona o nome da pessoa. Para indicar que está apresentando um amigo, você diz:

Das ist meine Freundin (f)/**mein Freund** (m)... (*das ist mai-ne _fróin_-din/myn fróint*) (Esta é minha amiga/meu amigo...)

Se for apresentado a alguém de maneira levemente mais formal, você pode expressar "Prazer em conhecê-lo" dizendo:

Freut mich. (*fróit micH*) (Fico feliz.)

A pessoa a quem foi apresentado pode, então, responder:

Mich auch. (*micH aucH*) (Eu também.)

Se estiver em uma situação que exige um nível bem alto de formalidade, aqui estão algumas frases úteis:

>> **Darf ich Ihnen... vorstellen?** (*darf icH i-nen... _for_-shteln*) (Posso apresentá-lo a...?)

>> **Freut mich, Sie kennenzulernen.** (*fróit micH, zi _ken_-nen-tsu-_ler_-nen*) (Prazer em conhecê-lo.)

>> **Meinerseits.** (*_mai_-ner-_zaits_*)/**Ganz meinerseits.** (*gants _mai_-ner-_zaits_*) (Igualmente; literalmente, o prazer é todo meu.)

A seguir estão alguns diálogos que envolvem apresentações. Primeiro há um entre pessoas mais jovens que se conhecem em um cenário informal, como uma festa:

Martin: **Hallo, wie heißt Du?** (*Ha-lo, vi Haist du*) (Olá, qual é o seu nome?)

Susanne: **Ich heiße Susanne. Und Du?** (*icH hai-se su-_za_-ne. unt du*) (Meu nome é Susanne. E o seu?)

Martin: **Martin. Und wer ist das?** (*mar-_tin_. unt vear isst das*) (Martin. E quem é essa?)

Susanne: **Das ist meine Freundin Anne.** (*das isst _mai_-ne _fróin_-din _ân_-ne*) (Essa é minha amiga Anne.)

CAPÍTULO 4 **Fazendo Novos Amigos e Jogando Conversa Fora** 71

Aqui está um diálogo entre dois homens, com um deles apresentando sua esposa:

Herr Kramer: **Guten Abend, Herr Huber!** *(guten a-bent, Her Hu-ber)* (Boa noite, sr. Huber!)

Herr Huber: **Guten Abend, Herr Kramer. Darf ich Ihnen meine Frau vorstellen?** *(guten a-bent, Her kra-mer. darf icH i-nen mai-ne frau for-shteln)* (Boa noite, sr. Kramer. Posso apresentá--lo à minha esposa?)

Herr Kramer: **Guten Abend, Frau Huber! Freut mich ser, Sie kennenzulernen.** *(guten a-bent frau Hu-ber! fróit micH zer zi ken-nen-tsu-ler-nen)* (Boa noite, sra. Huber! Prazer em conhecê-la.)

Frau Huber: **Ganz meinerseits, Herr Kramer.** *(gants mai-ner-zaits, Her kra-mer)* (Igualmente, sr. Kramer.)

Palavras a Saber

auch	*aucH*	também
freuen	*fróien*	ficar feliz/ter prazer
der Freund (m)	*der fróint*	amigo
die Freundin (f)	*di fróin-din*	amiga
ganz	*gants*	totalmente, tudo
gehen	*gue-en*	ir
gut	*guut*	bem
kennenlernen	*ken-nen-ler-nen*	conhecer
sehr	*zer*	muito
vorstellen	*for-shtélen*	apresentar

Então, de Onde Você É?

Nesta seção você descobre como dizer às pessoas de que cidade ou país você é e como perguntar a elas de onde são e quais línguas falam. Para fazer tudo isso, você precisa se familiarizar com um verbo muito útil: **sein** *(zain)* (ser/estar). Você usa esse verbo nas expressões **das ist** *(das isst)* (este é/está) e **ich bin** *(icH bin)* (eu sou/estou). Infelizmente, ele é irregular, então é preciso memorizá-lo.

Conjugação	Pronúncia
ich bin	*ich bin*
du bist (informal)	*du bisst*
Sie sind (formal)	*zi zint*
er, sie, es ist	*er, zi, ess isst*
wir sind	*vir zint*
ihr seid (informal)	*ir zait*
Sie sind (formal)	*zi zint*
sie sind	*zi zint*

Perguntando às pessoas de onde são

Para perguntar a alguém de onde é, você só precisa decidir se está se dirigindo a alguém formalmente, com **Sie**, ou informalmente, com **du** (uma pessoa) ou **ihr** (várias pessoas). Depois você escolhe uma dessas três opções para perguntar "De onde você é?":

» **Wo kommen Sie her?** *(vo ko-men zi Her)*

» **Wo kommst du her?** *(vo komst du Her)*

» **Wo kommt ihr her?** *(vo komt er Her)*

Para dizer de onde você é em alemão, as palavras mágicas são:

Ich komme aus... *(icH ko-me aus)* (Eu venho de...)

Ich bin aus... *(icH bin aus)* (Eu sou de...)

Essas poucas palavras o levam longe. Funcionam para países, estados e cidades. Por exemplo:

> » **Ich komme aus Amerika.** *(icH kom-me aus a-me-rii-ka)* (Eu venho da América.)
>
> » **Ich bin aus Pennsylvania.** *(icH bin aus Pennsylvania)* (Eu sou da Pensilvânia.)
>
> » **Ich komme aus Zürich.** *(icH ko-me aus tsûû-rich)* (Eu venho de Zurique.)
>
> » **Ich bin aus Wien.** *(icH bin aus viin)* (Eu sou de Viena.)
>
> » **Meine Freundin kommt aus Lyon.** *(maine fróin-din komt aus li-on)* (Minha amiga vem de Lyon.)
>
> » **Wir sind aus Frankreich.** *(vir zint aus frangk-raicH)* (Nós somos da França.)

FALANDO DE GRAMÁTICA

Alguns nomes de países e regiões são usados com o artigo definido feminino, **die** *(di)* (a). Os Estados Unidos são um desses países. Em alemão, você diz **Ich bin aus den USA.** *(icH bin aus den u-éss-a)* (Eu sou dos EUA). Ou você pode se aventurar no trava-língua **Ich bin aus den Vereinigten Staaten.** *(icH bin aus den fer-ai-nik-ten stá-ten)* (Eu sou dos Estados Unidos.)

Como o verbo **kommen** (*ko-men*) (vir) é muito importante para discutir sobre de onde você é, aqui está sua conjugação:

Conjugação	Pronúncia
ich komme	*icH ko-me*
du kommst (informal)	*du komst*
Sie kommen (formal)	*zi ko-men*
er, sie, es kommt	*er, zi, es ko-mt*
wir kommen	*vir ko-men*
ihr kommt (informal)	*ir komt*
Sie kommen (formal)	*zi ko-men*
sie kommen	*zi ko-men*

Entendendo as nacionalidades

Como no português, os falantes de alemão gostam de indicar a nacionalidade com um substantivo. Como você já sabe, gêneros são importantes no alemão, e esses substantivos que indicam nacionalidade também têm gênero. Portanto, uma pessoa americana é **Amerikaner** (*a-me-ri-ka-ner*) se for homem e **Amerikanerin** (*a-me-ri-ka-ne-rin*) se for mulher.

A Tabela 4–2 lista os nomes de alguns países selecionados mais o substantivo e o adjetivo correspondentes.

TABELA 4-2   **Nomes, Substantivos e Adjetivos de Países**

Português	Alemão	Substantivo	Adjetivo
Áustria	Österreich (oe-ste-raich)	Österreicher(in) (oe-ste-rai-cHer[in])	österreich-isch (oe-ste-rai-cHish)
Bélgica	Belgien (bél-gui-en)	Belgier(in) (bel-gui-er[in])	belgisch (bel-guish)
Inglaterra	England (eng-lant)	Engländer(in) (eng-lén-der[in])	englisch (eng-lish)
França	Frankreich (frank-raich)	Franzose/Französin (fran-tsoh-ze/zish) fran-tsoe-zin	französisch (fran-tsoe-zish)
Alemanha	Deutschland (dóitsh-lant)	Deutsche(r) (dói-tshe[r])	deutsch (dóitsh)
Itália	Italien (i-ta-li-en)	Italiener(in) (i-ta-lje-ner[in])	italienisch (i-ta-lje-nish)
Suíça	die Schweiz (di shuaits)	Schweizer(in) (shuai-tser[in])	schweiz-erisch (shuai-tse-rish)
EUA	die USA (di u-éss-a)	Amerikaner(in) (a-me-ri-ka-ner[in])	amerikanisch (a-me-ri-kan-ish)

Os exemplos a seguir mostram como usar essas palavras em frases:

- » **Frau Myers ist Amerikanerin.** *(frau maiers ist a-me-ri-ka-ne-rin)* (A sra. Myers é americana.)

- » **Michelle ist Französin.** *(mi-shéle ist frân-tsoe-zin)* (Michelle é francesa.)

- » **Ich bin Schweizerin.** *(icH bin shuai-tse-rin)* (Eu sou suíço.)

- » **Ich bin Österreicher.** *(icH bin oe-ste-rai-scHer)* (Eu sou austríaca.)

76   Guia de Conversação Alemão Para Leigos

Que Idiomas Você Fala?

Para dizer às pessoas qual idioma você fala, use o verbo **sprechen** (_shpré-cHen_) (falar) e o combine com o nome do idioma (veja a Tabela 4-2 para uma lista de alguns nomes). Mas tenha cuidado. Embora o adjetivo e a língua de um país ou nacionalidade sejam idênticos, o adjetivo tem letra maiúscula quando é usado sozinho para descrever o idioma:

Ich spreche Deutsch. (_icH shpré-cHe dóitsh_) (Eu falo alemão.)

Se quiser perguntar a alguém se fala inglês, a pergunta é:

Sprichst du Englisch? (_shpricHst du eng-lish_) (Você fala inglês?) (informal)

Sprechen Sie Englisch? (_shpré-cHen zi eng-lish_) (Você fala inglês?) (formal)

Eis a conjugação do verbo falar:

Conjugação	Pronúncia
ich spreche	_icH shpré-cHe_
du sprichst (informal)	_du shpricHst_
Sie sprechen (formal)	_zi shpré-cHen_
er, sie, es spricht	_er, zi, ess shpricHt_
wir sprechen	_vir shpré-cHen_
ihr sprecht (informal)	_ir shprécHt_
Sie sprechen (formal)	_zi shpré-cHen_
sie sprechen	_zi shpré-cHen_

A seguir há uma conversa curta entre dois colegas usando **sprechen**:

Heidi: **Sprichst du Französisch?** (_shpricHst du fran-tsoe-zish_) (Você fala francês?)

Olga: **Nein, gar nicht. Aber ich spreche Englisch. Ihr auch?** (*nain, gar nicHt. a-ber icH shpré-cHe eng-lish. ir aucH*) (Não, nem um pouco, mas falo inglês. E você?)

Heidi: **Ich spreche ein bisschen Englisch, und ich spreche auch Spanisch.** (*icH shpré-cHe ain biss-cHen eng-lish unt icH shpré -cHe aucH shpah-nish*) (Eu falo um pouco de inglês e espanhol também.)

Olga: **Spanisch spreche ich nicht, aber ich spreche auch Englisch. Englisch ist einfach.** (*shpah-nish shpre-cHe icH nicHt, a-ber icH shpre-cHe aucH eng-lish. eng-lish ist ain-facH*) (Eu não falo espanhol, mas falo inglês. Inglês é fácil.)

Palavras a Saber

aber	*a-ber*	mas
ein bisschen	*ain biss-cHen*	um pouco
einfach	*ain-facH*	fácil/simples
gar nicht	*gar nicht*	nem um pouco
groß	*gross*	grande
interessant	*in-te-re-ssant*	interessante
klein	*klain*	pequeno
nie	*ni*	nunca
schön	*shoen*	bonito
sein	*zain*	ser/estar
sprechen	*shpré-cHen*	falar
ich weiß nicht	*icH waiss nicHt*	eu não sei

Guia de Conversação Alemão Para Leigos

Falando sobre Si Mesmo

Com o que trabalha? Você está estudando? Onde mora? Qual é seu endereço e número de telefone? Essas são as perguntas-chave que você faz e às quais responde quando fala sobre si mesmo.

Descrevendo seu trabalho

O que você faz para ganhar a vida normalmente surge em conversas. Podem lhe fazer uma das seguintes perguntas:

» **Bei welcher Firma arbeiten Sie?** *(bai vel-cHer fir-ma ar-bai-ten zi)* (Em que empresa está trabalhando?)

» **Was machen Sie beruflich?** *(vas ma-cHen zi be-ruf-licH?)* (Que tipo de trabalho faz?)

» **Sind Sie berufstätig?** *(zint zi be-rufs-tê-tigk?)* (Você está empregado?)

Algumas palavras e expressões simples o ajudam a responder a essas perguntas. É só conectar **Ich bin** *(icH bin)* (eu sou/estou) com o nome de sua profissão, sem nenhum artigo.

» **Ich bin Buchhalter** (m)/**Buchhalterin** (f). *(icH bin bucH-hal-ter/bucH-hal-terin)* (Eu sou contador/a.)

» **Ich bin Student** (m)/**Studentin** (f). *(icH bin shtu-dent/shtu-den-tin)* (Eu sou estudante.)

Se você for estudante, pode querer conversar sobre o que estuda. Você faz isso com a frase **Ich studiere** *(icH shtu-die-re)* (Estou estudando). No final da frase, acrescente sua área (sem qualquer artigo), que pode incluir:

» **Architektur** *(ar-ki-tek-tur)* (arquitetura)

CAPÍTULO 4 **Fazendo Novos Amigos e Jogando Conversa Fora** 79

- **»** **Betriebswirtschaft** *(be-trips-virt-shaft)* (negócios)
- **»** **Jura** *(yu-ra)* (direito)
- **»** **Kunst** *(kunst)* (artes)
- **»** **Literaturwissenschaft** *(li-te-ra-tur-vissen-shaft)* (literatura)
- **»** **Medizin** *(me-di-tsiin)* (medicina)

Aqui estão algumas frases para descrever seu estado empregatício:

- **»** **Ich bin pensioniert.** *(icH bin peng-zio-nirt)* (Estou aposentado.)
- **»** **Ich bin angestellt.** *(icH bin an-gue-shtelt)* (Estou empregado.)
- **»** **Ich bin geschäftlich unterwegs.** *(icH bin gue-sheft-lich un-ter-vegks)* (Estou viajando a negócios.)
- **»** **Ich bin selbständig.** *(icH bin zelpst-shtan-digk)* (Sou autônomo.)

Para contar a alguém onde trabalha, use a frase **Ich arbeite bei** *(icH ar-bai-te bai)* (Eu trabalho em). Em alguns casos, você pode precisar substituir outra preposição por *bei*. Por exemplo:

- **»** **Ich arbeite bei der Firma. . .** *(icH ar-bai-te bai der fir-ma)* (Eu trabalho na empresa...) Depois da palavra **Firma**, você simplesmente insere o nome da empresa para a qual trabalha.
- **»** **Ich arbeite im Büro Steiner.** *(icH ar-bai-te im bûû-rô shtai-ner)* (Eu trabalho no escritório Steiner.)

Passando seus contatos

Quando alguém lhe pergunta **Wo wohnen Sie?** *(vo vo-nen zi)* (Onde você mora?), você pode responder com qualquer uma das seguintes opções:

» **Ich wohne in Berlin.** *(icH vo-ne in ber-liin)* (Eu moro em Berlim.) Simplesmente insira o nome da cidade onde mora.

» **Ich wohne in der Stadt/auf dem Land.** *(icH vo-ne in der shtat/auf dem lant)* (Eu moro na cidade/no interior.)

» **Ich habe ein Haus/eine Wohnung.** *(icH Ha-be ain Haus/ai-ne vo-nung)* (Eu tenho uma casa/um apartamento.)

Dependendo das circunstâncias, alguém pode lhe perguntar **Wie ist Ihre Adresse?** *(vi ist i-re a-dre-sse)* (Qual é o seu endereço?). Para especificar onde mora, você precisa saber as palavras a seguir:

» **die Adresse** *(di a-dre-sse)* (endereço)

» **die Hausnummer** *(di Haus-nu-mer)* (número da casa)

» **die Straße** *(di shtra-sse)* (rua)

» **die Postleitzahl** *(di post-lait-tsal)* (código postal)

Em uma conversa, você substitui as palavras adequadas na seguinte frase: **Die Adresse/Straße/Hausnummer/Postleitzahl ist...** *(di a-dre-sse/shtra-sse/Haus-nu-mer/post-lait-tsal ist...)* (O endereço/rua/número da casa/código postal é...).

Para dizer seu número de telefone a alguém, use esta frase:

Die Telefonnummer/die Vorwahl ist... *(di te-le-fôn-nu-mer/for-val ist...)* (O número de telefone/código de área é...).

CAPÍTULO 4 **Fazendo Novos Amigos e Jogando Conversa Fora** 81

Palavras a Saber

dabei haben	*da-bai Ha-ben*	ter consigo
fragen	*fra-guen*	perguntar
geben	*gue-ben*	dar
leider	*lai-der*	infelizmente

Falando sobre Sua Família

Conversar sobre a família é uma ótima maneira de conhecer alguém, e o assunto lhe dá uma riqueza de tópicos para jogar conversa fora. Você encontra todos os membros de sua árvore genealógica a seguir:

- » **der Mann** *(der man)* (marido/esposo)
- » **die Frau** *(di frau)* (mulher/esposa)
- » **der Junge** *(der iun-gue)* (menino)
- » **das Mädchen** *(das mêd-cHen)* (menina)
- » **die Eltern** *(di él-tern)* (pais)
- » **der Vater** *(der fa-ter)* (pai)
- » **die Mutter** *(di mu-ter)* (mãe)
- » **die Kinder** *(di kin-der)* (filhos)
- » **der Sohn** *(der zon)* (filho)
- » **die Tochter** *(di tocH-ter)* (filha)
- » **die Geschwister** *(di gue-shuis-ter)* (irmãos)
- » **die Schwester** *(di shués-ter)* (irmã)

> » **der Bruder** *(der bru-der)* (irmão)

> » **der Großvater** *(der gross-fa-ter)* (avô)

> » **die Großmutter** *(di gross-mu-ter)* (avó)

> » **der Onkel** *(der ong-kel)* (tio)

> » **die Tante** *(di tan-te)* (tia)

> » **der Cousin** *(der ku-zin)* (primo)

> » **die Cousine** *(di ku-zi-ne)* (prima)

> » **die Schwiegereltern** *(di shui-guer-el-tern)* (sogros)

> » **der Schwiegervater** *(der shui-guer-fa-ter)* (sogro)

> » **die Schwiegermutter** *(di shui-guer-mu-ter)* (sogra)

> » **der Schwiegersohn** *(der shui-guer-zon)* (genro)

> » **die Schwiegertochter** *(di shui-guer-tocH-ter)* (nora)

> » **der Schwager** *(der shua-guer)* (cunhado)

> » **die Schwägerin** *(di shuê-gue-rin)* (cunhada)

Para dizer que você tem um determinado parente, use a frase simples a seguir:

Ich habe einen/eine/ein... *(icH Ha-be ai-nen/ai-ne/ain)* (Eu tenho um[a]...)

Nessa frase você usa o acusativo (caso do objeto direto), então ela envolve diferentes formas do artigo indefinido para ambos, gênero e caso. Os artigos indefinidos feminino e neutro acabam sendo iguais no nominativo (caso do sujeito) e acusativo (caso do objeto direto). O artigo indefinido masculino, no entanto, tem uma forma diferente no acusativo.

> » **Substantivos masculinos:** Substantivos como **der Mann**, **der Bruder** e **der Schwager** usam a forma **einen**.

CAPÍTULO 4 **Fazendo Novos Amigos e Jogando Conversa Fora** 83

> » **Substantivos femininos:** Membros da família como **die Frau**, **die Tochter** e **die Schwägerin** usam **eine**.
>
> » **Substantivos neutros: Das Mädchen** usa **ein**.

FALANDO DE GRAMÁTICA

Se quiser expressar que não tem irmãos, use a forma negativa do artigo indefinido **ein** (*masculino*)/**eine** (*feminino*)/**ein** (*neutro*) *(ain/ai-ne/ain)* (um/uma), que é **kein/keine/kein** *(kain/kai-ne/kain)* (nenhum/nenhuma). A boa notícia é que a forma negativa — **kein/keine/kein** — funciona exatamente como **ein/eine/ein**. Você só adiciona a letra "k".

> » **Substantivos masculinos**, como **der Sohn: Ich habe keinen Sohn**. *(icH Ha-be kai-nen zon)* (Eu não tenho um filho.)
>
> » **Substantivos femininos**, como **die Tochter: Ich habe keine Tochter**. *(icH Ha-be kai-ne tocH-ter)* (Eu não tenho uma filha.)
>
> » **Substantivos neutros**, como **das Kind: Ich habe kein Kind**. *(icH Ha-be kain kint)* (Eu não tenho filhos.)

No diálogo a seguir, duas pessoas falam sobre suas famílias:

Michael: **Wohnen Sie in Frankfurt?** (*vo-nen zi in frank-furt*) (Você mora em Frankfurt?)

Lola: **Nicht direkt. Mein Mann und ich haben ein Haus in Mühlheim. Und Sie?** (*nicHt di-rekt. mai-n man unt icH Ha-ben ain Haus in mûûl-haim. unt zi*) (Não exatamente, meu marido e eu temos uma casa em Mühlheim. E você?)

Michael: **Wir haben eine Wohnung in der Innenstadt. Unser Sohn wohnt in München. Haben Sie Kinder?** (*vir Ha-ben ai-ne vo-nung in der in-nen-shtat. un-zer zon vont in mûûn-chen. Ha-ben zi kin-der*) (Nós temos um apartamento no centro da cidade. Nosso filho mora em Munique. Vocês têm filhos?)

Lola: **Ja, zwei. Mein Sohn arbeitet bei Siemens und meine Tochter studiert in Köln.** *(ia, tsuai. main zon ar-bai-tet bai zi-menss unt mai-ne tocH-ter shtu-dirt in koeln)* (Sim, dois. Meu filho trabalha na Siemens, e minha filha está estudando em Colônia.)

Michael: **Ach, meine Frau kommt aus Köln. Sie ist Juristin. Und was macht Ihr Mann beruflich?** *(acH, mai-ne frau komt aus koeln. zi isst iu-ris-tin. unt vass macHt ir man be-ruf-lich)* (Ah, minha esposa é de Colônia. Ela é advogada. O que seu marido faz?)

Lola: **Er ist Lerer.** *(er ist le-rer)* (Ele é professor.)

Falando sobre o Clima

Pessoas em todos os lugares gostam de falar sobre **das Wetter** *(das ve-ter)* (o clima). Sua amiga, a frase **Es ist** *(es ist)* (Está), o ajuda a descrever o clima, independente da previsão. Você só fornece o adjetivo apropriado no final da frase. Por exemplo:

>> **Es ist kalt.** *(es ist kalt)* (Está frio.)

>> **Es ist heiß.** *(es ist Hais)* (Está calor.)

>> **Es ist schön.** *(es ist shoen)* (Está lindo.)

As palavras a seguir permitem que você descreva quase qualquer tipo de clima:

>> **bewölkt** *(be-vólkt)* (nublado)

>> **feucht** *(fóicHt)* (úmido)

>> **frostig** *(fros-tigk)* (congelado)

>> **kühl** *(kûûl)* (fresco)

>> **neblig** *(ne-bligk)* (enevoado)

CAPÍTULO 4 **Fazendo Novos Amigos e Jogando Conversa Fora**

» **regnerisch** *(regk-ne-rish)* (chuvoso)

» **sonnig** *(só-nigk)* (ensolarado)

» **warm** *(varm)* (quente)

» **windig** *(vin-digk)* (com ventania)

NESTE CAPÍTULO

» Pedindo seu pão com manteiga

» Comendo fora de casa

» Pagando a conta

Capítulo 5

Saboreando uma Bebida e um Lanche (ou Refeição!)

Conhecer a comida e os hábitos alimentares de outro país é uma das maneiras mais agradáveis de descobrir sua cultura. Almoços de negócios ou jantares casuais, comer fora ou cozinhar para você mesmo — só é preciso mergulhar nesse universo.

Então "bom apetite", ou **Guten Appetit** (*guten ape-tiit*), como os alemães dizem uns aos outros antes de comer!

Já Está na Hora de Comer?

Com as frases a seguir você diz quando deseja comer ou beber algo:

> » **Ich habe Hunger/Durst.** *(icH Ha-be Hungr/durst)* (Estou com fome/sede.)
>
> » **Ich bin hungrig/durstig.** *(icH bin Hung-rigk/dur-stigk)* (Estou com fome/sede.)

Para satisfazer sua fome ou sede, é preciso comer — **essen** *(éssen)* — e beber — **trinken** *(trinken)*.

Essen é um verbo irregular (veja o Capítulo 2 para mais informações sobre verbos irregulares):

Conjugação	Pronúncia
ich esse	*icH é-sse*
du isst	*du ist*
Sie essen	*zi éssen*
er, sie, es isst	*er, zi, es ist*
wir essen	*vir éssen*
ihr esst	*ir ést*
Sie essen	*zi éssen*
sie essen	*zi éssen*

E **trinken** *(trinkn)* também:

Conjugação	Pronúncia
ich trinke	*icH tring-ke*
du trinkst	*du trinkst*
Sie trinken	*zi trinken*
er, sie, es trinkt	*er, zi, es trinkt*
wir trinken	*vir trinken*
ihr trinkt	*ir trinkt*
Sie trinken	*zi trinken*
sie trinken	*zi trinken*

As três principais **Mahlzeiten** *(mal-tsai-ten)* (refeições) do dia são as seguintes:

» **das Frühstück** *(das frûû-shtûûk)* (café da manhã)

» **das Mittagessen** *(das mi-tak-éssen)* (almoço)

» **das Abendessen** *(das a-bent-éssen)* (jantar)

SABEDORIA CULTURAL

Ocasionalmente você pode ouvir pessoas dizendo **Mahlzeit!** *(mal-tsait)* (literalmente, refeição) como um cumprimento na hora do almoço. Se alguém lhe disser isso, diga o mesmo — **Mahlzeit!** — e sorria. As pessoas normalmente usam esse termo em ambientes de trabalho (lanchonetes e no escritório) para desejar às outras uma boa refeição (e, originalmente, abençoada). Você ouvirá isso a qualquer momento entre 11h e 14h em qualquer ambiente de trabalho.

Arrumando a Mesa

A mesa alemã conta com os mesmos itens que você encontra na mesa de sua casa, incluindo os seguintes:

>> **das Besteck** *(das be-shtek)* (talheres)

>> **die Gabel** *(di ga-bel)* (garfo)

>> **das Glas** *(das glass)* (copo)

>> **der Löffel** *(der loeffel)* (colher)

>> **das Messer** *(das me-sser)* (faca)

>> **die Serviette** *(di serv-iet-te)* (guardanapo)

>> **der Suppenteller** *(der zu-pen-tel-ler)* (prato de sopa)

>> **die Tasse** *(di ta-sse)* (xícara)

>> **der Teller** *(der te-ler)* (prato)

Se estiver em um restaurante e precisar de um item não encontrado na mesa (por exemplo, uma colher, garfo ou faca), chame o garçom dizendo:

> **Entschuldigen Sie bitte! Kann ich bitte einen Löffel/eine Gabel/ein Messer haben?** (*ent-shul-di-guen zi bi-te kan icH bi-te ai-nen loeffel/ai-ne ga-bel/ain mésser Ha-ben*) (Com licença, por favor. Pode me trazer uma colher/garfo/faca?)

Indo a um Restaurante

Ir a um restaurante na Alemanha é quase como ir a um no Brasil, exceto pelo idioma, é claro. As seções a seguir o guiam em todos os aspectos sobre comer fora de casa usando o alemão para se comunicar.

90   Guia de Conversação Alemão Para Leigos

Diferenciando lugares para comer

Se quiser um lugar específico para comer, é bom saber quais são os diferentes tipos disponíveis:

» **das Restaurant** *(das res-to-ront)* (restaurante): Você encontra a mesma variedade de restaurantes na Alemanha e no Brasil, variando de estabelecimentos simples a muito chiques, com menus correspondentes.

» **die Gaststätte** *(di gast-shta-te)* (tipo de restaurante local): Esse tipo de restaurante é mais simples, de onde você não espera um cardápio sofisticado e conhece especialidades locais.

» **das Gasthaus** *(das gast-Haus)*/**der Gasthof** *(gast-Hôf)* (pousada): Normalmente você os encontra no interior. Frequentemente oferecem comida caseira, e o ambiente pode ser bem simples.

» **die Raststätte** *(di rast-shté-te)* (restaurante de estrada): Normalmente você os encontra em estradas e rodovias, com instalações de estações de serviço e, às vezes, hospedagem. (Chamado de **der Rasthof** *[der rast-Hô]* na Áustria.)

» **der Ratskeller** *(der rats-ké-ler)*. Esse é difícil de traduzir literalmente. Esses restaurantes recebem seus nomes em homenagem a um restaurante na adega da prefeitura **Rathaus** *(rat-Haus)*. Você normalmente os encontra em prédios históricos.

» **die Bierhalle** *(di bir-Ha-le)*/**die Bierstube** *(di bir-shtu-be)*/**der Biergarten** *(der bir-gar-ten)*/**das Bierzelt** *(das bir-tzelt)* (salão da cerveja/jardim da cerveja): Além da cerveja servida de barris enormes, você também pode pedir pratos quentes (normalmente alguns pratos do dia), saladas e pretzels. Os salões da cerveja mais conhecidos estão em Munique, Baviera, onde acontece a **Oktoberfest** *(ok-tô-ber-fest)*, no final de setembro. O equivalente mais próximo pode ser um pub inglês ou um bar esportivo, embora a atmosfera seja bem diferente.

CAPÍTULO 5 **Saboreando uma Bebida e um Lanche (ou Refeição!)** 91

» **die Weinstube** *(di vain-shtu-be)* (salão de vinho): Um restaurante aconchegante, normalmente encontrado em áreas produtoras de vinho, em que você pode prová-los com petiscos.

» **die Kneipe** *(di knai-pe)* (bar-restaurante): Você também encontra esse tipo de combinação de bar e restaurante no Brasil, e normalmente não é muito sofisticado. Você pode beber alguma coisa no bar ou sentar à mesa e pedir comida estilo "prato feito".

» **das Café** *(das ka-fee)* (cafeteria): Esse varia de uma cafeteria a um estabelecimento mais luxuoso. Viena é famosa por sua tradição de cafeterias.

» **der Schnellimbiss** *(der shnel-im-bis)* (lanchonete, restaurante de fast-food): Aqui você pode adquirir tipos diferentes de comida e mimos para a viagem.

Fazendo reservas

Ao fazer uma reserva, as palavras e frases a seguir entram em jogo:

» **Ich möchte gern einen Tisch reservieren/bestellen.** *(icH moecH-te guern ai-nen tish re-zer-vi-ren/be-shte-len)* (Eu gostaria de reservar uma mesa.)

» **Haben Sie um... Uhr einen Tisch frei?** *(Ha-ben zi um... ur ai-nen tish frai)* (Você tem uma mesa livre para as... horas?)

» **Ich möchte gern einen Tisch für... Personen um... Uhr.** *(icH moecH-te guern ai-nen tish fûur... per-zoh-nen um... ur)* (Eu gostaria de uma mesa para... pessoas para as... horas.)

Para ser mais específico sobre para quando quer a reserva, você pode adicionar uma das seguintes frases:

» **heute Abend** *(Hói-te a-bent)* (esta noite)

» **morgen Abend** *(mór-guen a-bent)* (amanhã à noite)

92   Guia de Conversação Alemão Para Leigos

» **heute Mittag** (_Hói-te mi-tagk_) (hoje ao meio-dia)

» **morgen Mittag** (_mór-guen mi-tagk_) (amanhã ao meio-dia)

Então você diria:

» **Ich möchte gern für heute Abend einen Tisch reservieren.** (_icH moecH-te guern fûûr Hói-te a-bent ai-nen tish re-zer-vi-ren_) (Gostaria de reservar uma mesa para hoje à noite.)

» **Haben Sie morgen Mittag einen Tisch frei?** (_Ha-ben zi mór-guen mi-tagk ai-nen tish frai_) (Você tem uma mesa livre amanhã para o almoço/para o meio-dia?)

Ao fazer sua reserva, o recepcionista do restaurante pode fazer algumas das afirmações ou perguntas a seguir:

» **Für wie viele Personen?** (_fûûr vi fi-le per-zo-nen_) (Para quantas pessoas?)

» **Tut mir leid, um acht Uhr ist alles ausgebucht. Sie können aber um acht Uhr dreißig einen Tisch haben.** (_tut mir lait, um acHt ur ist a-les ous-gue-bucHt. zi koen-en a-ber um acHt ur drai-sik ai-nen tish Hah-ben_) (Sinto muito. Estamos lotados às 8h. Mas você consegue uma mesa às 8h30.)

» **Und Ir Name, bitte?** (_unt ir na-me, bi-te_) (E seu nome, por favor?)

» **Geht in Ordnung, ich habe den Tisch für Sie reserviert.** (_guet in ort-nungk, ich Ha-be den tish fûûr zi re-zer-virt_) (Tudo bem, eu reservei uma mesa para você.)

» **Es tut mir leid. Wir sind völlig ausgebucht.** (_es tut mir lait. vir zint foel-ligk aus-gue-bucHt_) (Sinto muito. Estamos lotados.)

CAPÍTULO 5 **Saboreando uma Bebida e um Lanche (ou Refeição!)** 93

Se você aparecer no restaurante sem uma reserva, espere escutar uma das frases a seguir:

> **In... Minuten wird ein Tisch frei.** *(in... mi-nu-ten virt ain tish frai)* (Em... minutos uma mesa ficará livre.)

> **Können Sie in... Minuten wiederkommen?** *(koen-nen zi in... mi-nu-ten vi-der-kómen)* (Você poderia voltar em... minutos?)

Tomando seu lugar

Depois de chegar a um restaurante, você quer se sentar, **Platz nehmen** *(plats ne-men)*, e pegar o **Speisekarte** *(shpai-ze-kar-te)* (cardápio). Um garçom, **der Kellner** *(der kél-ner)*, encaminha você até sua mesa. O diálogo a seguir o ajuda a conseguir uma mesa boa:

Cliente: **Guten Abend. Wir haben einen Tisch für zwei Personen bestellt.** *(guten a-bent. vir Ha-ben ai-nen tish fûûr ztuai per-zo-nen be-shtelt)* (Boa noite. Reservamos uma mesa para duas pessoas.)

Host: **Bitte, nehmen Sie hier vorne Platz.** *(bi-te ne-men zi Hir for-ne plats)* (Por favor, sente-se aqui.)

Cliente: **Könnten wir vielleicht den Tisch dort drüben am Fenster haben?** *(koen-ten vir fi-laicHt den tish dórt drûû-ben am fen-s-ter Ha-ben)* (Será que poderíamos ficar com aquela mesa perto da janela?)

Host: **Aber sicher, kein Problem. Setzen Sie sich. Ich bringe Ichnen sofort die Speisekarte.** *(a-ber zi-cHer, kain pro-blem. zetsen zi zicH. ich bringe i-nen zo-fort di shpai-ze-kar-te)* (Mas é claro, sem problemas. Sentem-se. Trarei o cardápio imediatamente.)

Palavras a Saber

bringen	*bring-en*	trazer
dort drüben	*dort drûû-ben*	lá
hier vorne	*Hir for-ne*	aqui
In Ordnung!	*in ort-nungk*	Tudo bem!
Setzen Sie sich!	*zetsen zi zicH*	Sentem-se!
Tut mir leid!	*tut mir lait*	Sinto muito!
vielleicht	*fii-laicHt*	talvez

Decifrando o cardápio

Agora vem a parte divertida — decidir o que quer comer. É claro que o que tem no menu depende inteiramente do tipo de lugar em que você está.

Café da manhã

Os itens a seguir costumam ser oferecidos **zum Frühstück** *(tsum frûû–shtûûck)* (para o café da manhã):

» **der Aufschnitt** *(der ouf-shnit)* (frios e queijos)

» **das Brot** *(das brôt)* (pão)

» **das Brötchen** *(das broet-chen)* (brioche)

» **die Butter** *(di bu-ter)* (manteiga)

» **die Cerealien** *(di tse-re-a-li-en)* (cereal)

» **das Ei** *(das ai)* (ovo)

» **die Milch** *(di milcH)* (leite)

>> **das Müsli** (*das <u>mûûs</u>-lii*) (musli)

>> **die Rühreier** (*di <u>rûûr</u>-ai-er*) (ovos mexidos)

>> **der Saft** (*der zaft*) (suco)

>> **das Spiegelei** (*das <u>shpi</u>-guel-ai*) (ovo frito)

>> **der Toast** (*der toust*) (torrada)

>> **die Wurst** (*di vurst*) (salsicha)

Entradas

Para **Vorspeisen** (*<u>for</u>-shpai-zen*) (entradas), você pode ver o seguinte:

>> **Gemischter Salat** (*ge-<u>mish</u>-ter za-<u>lat</u>*) (salada mista)

>> **Grüner Salat** (*<u>grûû</u>-ner za-<u>lat</u>*) (salada verde)

>> **Melone mit Schinken** (*me-<u>lo</u>-ne mit <u>shing</u>-ken*) (melão com presunto)

>> **Meeresfrüchtesalat mit Toastecken** (*<u>me</u>-res-frûûch-te-za-lat mit <u>toust</u>-ekn*) (salada de frutos do mar com torradas)

Sopas

Você pode ver as seguintes **Suppen** (*<u>zu</u>-pen*) (sopas) no cardápio:

>> **Bohnensuppe** (*<u>bo</u>-nen-zu-pe*) (sopa de feijão)

>> **Französische Zwiebelsuppe** (*fran-<u>tsoe</u>-zi-che <u>tsui</u>-bel-zu-pe*) (sopa de cebola francesa)

>> **Ochsenschwanzsuppe** (*<u>ok</u>-sen-shuants-zup-pe*) (sopa de rabada)

>> **Tomatensuppe** (*to-<u>ma</u>-ten-zu-pe*) (sopa de tomate)

96   **Guia de Conversação Alemão Para Leigos**

Pratos principais

Os **Hauptspeisen** *(Haupt-shpai-zen)* (pratos principais) são tão diversos quanto em qualquer cultura:

» **Fisch des Tages** *(fish des ta-gues)* (peixe do dia)

» **Frischer Spargel mit Kalbsschnitzel oder Räucherschinken/Kochschinken** *(fri-sher shpar-guel mit kalbs-shni-tsel o-der rói-cHer-shing-ken/kocH-shing-ken)* (aspargos frescos com costeleta de vitela ou presunto defumado/presunto)

» **Hühnerfrikassee mit Butterreis** *(Hûû-ner-fri-ka-sse mit bu-ter-rais)* (fricassé de frango com arroz amanteigado)

» **Kalbsleber mit Kartoffelpüree** *(kalps-le-ber mit kar-tofel-pu-ree)* (fígado de vitela com purê de batatas)

» **Lachs an Safransoße mit Spinat und Salzkartoffeln** *(laks an zaf-ran-zo-sse mit shpi-nat unt zalts-kar-tofeln)* (salmão ao molho de açafrão com espinafre e batatas cozidas)

» **Lammkotelett nach Art des Hauses** *(lam-kot-let nacH art des Hau-zes)* (costela de cordeiro à moda da casa)

» **Rindersteak mit Pommes Frites und gemischtem Gemüse** *(rin-der-steik mit pom frit unt ge-mish-tem ge-mûû-ze)* (bife de carne bovina com batatas fritas e vegetais diversos)

Acompanhamentos

Às vezes você pode pedir **Beilagen** *(bai-la-guen)* (acompanhamentos) separadamente do seu prato principal:

» **Bratkartoffeln** *(brat-kar-tofeln)* (batatas fritas)

» **Butterbohnen** *(bu-ter-bô-nen)* (feijão na manteiga)

» **Gurkensalat** *(gur-ken-zalat)* (salada de pepino)

Sobremesa

Restaurantes alemães normalmente oferecem muitos pratos finos **zum Nachtisch** *(ztum nacH-tish)* (para sobremesa), incluindo os seguintes:

> » **Apfelstrudel** *(apfel-shtru-del)* (strudel de maçã)
>
> » **Frischer Obstsalat** *(fri-sher obst-za-lat)* (salada de frutas)
>
> » **Gemischtes Eis mit Sahne** *(gue-mish-tes ais mit za-ne)* (sorvetes em diferentes sabores com chantili)
>
> » **Rote Grütze mit Vanillesoße** *(ro-te grûû-tse mit va-nile-zo-sse)* (compota de frutas vermelhas com molho de baunilha)

Bebidas

Ao pedir **Wasser** *(va-sser)* (água), você pode escolher com ou sem gás, ou entre **ein Wasser mit Kohlensäure** *(ain va-sser mit ko-len-zói-re)* (água com gás) e **ein Wasser ohne Kohlensäure** *(ain va-sser o-ne ko-len-zói-re)* e **ein stilles Wasser** *(ain stil-es va-sser)* (água sem gás). Ao pedir **ein Mineralwasser** *(mi-ne-ral-va-sser)* (água mineral) para o garçom, normalmente recebe água com gás.

O vinho normalmente é servido em garrafa — **die Flasche** *(di fla-she)* — ou taça — **das Glas** *(das glass)*. Às vezes você também pode pedir um jarro de vinho, que é **die Karaffe** *(di ka-ra-fe)*.

Na lista a seguir você encontra algumas bebidas comuns, **Getränke** *(gue-tréng-ke)*, que pode ver em um cardápio:

> » **alkoholfreie Getränke** *(al-ko-Hol-fraie gue-trén-ke)* (bebidas não alcoólicas)
>
> » **Bier** *(bir)* (cerveja)
>
> » **das Export** *(das eks-port)*/**das Kölsch** *(das koelsh)* (cerveja lager menos amarga)

> **das Bier vom Fass** *(das bir fom fass)* (cerveja draft)

> **das Pils/Pilsener** *(das pils/pilze-ner)* (cerveja lager amarga)

> **das Altbier** *(das alt-bir)* (cerveja escura, similar ao British ale)

> **Wein** *(váin)* (vinho)

> **der Weißwein** *(der vaiss-vain)* (vinho branco)

> **der Rotwein** *(der rôt-vain)* (vinho tinto)

> **Champagner** *(sham-pa-gner)* (vinho espumante feito apenas com o método do champanhe francês)

> **Schaumwein** *(shaum-vain)* (vinho espumante, classe inferior)

> **Sekt** *(sekt)* (vinho espumante, classe superior)

> **der Tafelwein** *(der ta-fel-vain)* (vinho de mesa, qualidade mais baixa)

> **der Kaffee** *(der ka-fee)* (café)

> **der Tee** *(der tee)* (chá)

Fazendo seu pedido

Você pode usar as seguintes expressões para pedir qualquer coisa, de comidas a bebidas, e para comprar comida em uma loja:

> **Ich hätte gern...** *(icH Hé-te guern)* (Eu gostaria...)

> **Für mich bitte...** *(fûûr micH bi-te)* (Para mim... por favor)

> **Ich möchte gern...** *(icH moecH-te guern)* (Eu gostaria de...)

Ao pedir, você pode ser aventureiro e perguntar ao garçom:

> **Können Sie etwas empfehlen?** *(koen-nen zi et-vass em-pfe-len)* (Você me recomenda alguma coisa?)

Você talvez precise das seguintes frases para pedir algo um pouco fora do comum:

» **Haben Sie vegetarische Gerichte?** *(Ha-ben zi ve-gue-ta-ri-she gue-rich-te)* (Vocês têm pratos vegetarianos?)

» **Ich kann nichts essen, was... enthält** *(icH kan nicHts essen, vas... ent-Hélt)* (Não posso comer nada que contenha...)

» **Haben Sie Gerichte für Diabetiker?** *(Ha-ben zi gue-ricH-te fûur dia-be-ti-ker)* (Vocês têm pratos para diabéticos?)

» **Haben Sie Kinderportionen?** *(Ha-ben zi kin-der-por-tsio-nen)* (Vocês têm porções infantis?)

Respondendo a "Você gostou da comida?"

Depois de uma refeição, seu garçom normalmente pergunta se você gostou da comida:

Hat es Ihnen geschmeckt? *(Hat es i-nen gue–shmekt)* (Você gostou da comida?)

Esperamos que você tenha gostado da refeição e se sinta obrigado a responder a essa pergunta com uma das seguintes opções:

» **ausgezeichnet** *(aus-gue-tsaicH-net)* (excelente)

» **danke, gut** *(dang-ke, gut)* (obrigado, bom)

» **sehr gut** *(zer gut)* (muito bom)

Pedindo a Conta

No final de sua refeição, o garçom pode lhe fazer a seguinte pergunta antes de você pedir a conta:

Sonst noch etwas? *(zonst nocH et–vas)* (Mais alguma coisa?)

100   Guia de Conversação Alemão Para Leigos

A não ser que queira pedir mais alguma coisa, você precisa pagar **die Rechnung** (_recH-nungk_) (a conta). É possível pedir a conta das seguintes maneiras:

> » **Ich möchte bezahlen.** _(icH moecH-te be-tsa-len)_ (Eu gostaria de pagar.)
>
> » **Die Rechnung, bitte.** _(di recH-nungk, bi-te)_ (A conta, por favor.)

Você pode pagar junto — **Alles zusammen, bitte.** _(a-les tsu-zamen, bi-te)_ (Tudo junto, por favor.) — ou separadamente — **Wir möchten getrennt zahlen.** _(vir moech-ten gue-trent tsa-len)_ (Nós gostaríamos de pagar separadamente.)

Se precisar de um **Quittung** (_kui-tungk_) (recibo) para fins fiscais ou outros, peça ao garçom depois de pedir a conta:

Und eine Quittung, bitte. _(unt ai-ne kui-tungk bi-te)_ (E um recibo, por favor.)

Palavras a Saber

bezahlen	_be-tsa-len_	pagar
Bitte, bitte	_bi-te, bi-te_	De nada
in bar bezahlen	_in baar be-tsa-len_	pagar em dinheiro
die Kreditkarte	_di kre-dit-kar-te_	cartão de crédito
die Quittung	_di kui-tungk_	recibo
die Rechnung	_di recH-nungk_	conta
Stimmt so!	_shtimt zô_	Tudo bem!

SABEDORIA CULTURAL

Como na maioria dos países europeus, você não precisa dar gorjeta ao garçom, a não ser que o serviço tenha sido excepcionalmente bom. A gorjeta e os impostos normalmente já estão inclusos na conta final.

NESTE CAPÍTULO

» Passeando em lojas

» Experimentando e comprando roupas

» Visitando as feiras alimentícias

» Pagando suas compras

» Comparando maçãs e laranjas

Capítulo **6**

Comprando até Cansar

Seja você um comprador compulsivo ou alguém que só goste de ver vitrines — **Schaufensterbummel** *(shau-fens-ter-bu-mel)* —, este capítulo lhe mostra as frases de que precisa para ter sucesso nas compras.

Indo à Cidade

Quando estiver na Europa, encontrará uma variedade de oportunidades de compra em todos os tipos de locais, incluindo os seguintes:

» **die Boutique** *(di bu-tik)* (uma loja pequena, frequentemente elegante, que geralmente vende roupas ou presentes)

» **die Buchhandlung** *(di bucH-Hand-lung)* (livraria)

- » **das Fachgeschäft** *(das facH-gue-sheft)* (loja especializada)
- » **der Flohmarkt** *(der flo-markt)* (mercado de pulgas)
- » **die Fußgängerzone** *(di fuss-guéngu-er-tso-ne)* (área de pedestres)
- » **das Kaufhaus** *(das kauf-Haus)* (loja de departamentos)
- » **der Kiosk** *(der ki-osk)* (quiosque)

Andando pela loja

Quando decidir ir às compras, provavelmente vai querer descobrir o horário de funcionamento da loja. Essas perguntas podem ajudá-lo:

- » **Wann öffnen Sie?** *(van oef-nen zi)* (Quando vocês abrem?)
- » **Wann schließen Sie?** *(van shli-ssen zi)* (Quando vocês fecham?)
- » **Haben Sie mittags geöffnet?** *(Ha-ben zi mi-tagks ge-oeof-net)* (Vocês abrem na hora do almoço?)
- » **Um wie viel Uhr schließen Sie am Samstag?** *(um wi fil ur shli-sen zi âm zams-tagk)* (A que horas vocês fecham aos sábados?)

Se precisar de ajuda para encontrar um certo item ou seção em uma loja de departamentos, você pode consultar a seção de informações — **die Auskunft** *(di aus-kunft)* ou **die Information** *(di in-for-ma-tsion)*. Eles têm todas as respostas, ou pelo menos algumas.

SABEDORIA CULTURAL

Fazer compras à noite ou aos domingos ainda é complicado em muitos lugares. Muitas lojas fecham às 18h e não abrem aos domingos, exceto certas lojas especializadas, como algumas padarias e lojas em cidades grandes. O lugar mais provável de se encontrar comida e outros artigos necessários à noite ou nos finais de semana ainda é o **Tankstelle** *(tank-s-tel-le)* (posto de gasolina).

Se estiver procurando por um certo item, pode pedi-lo pelo nome com qualquer uma das frases a seguir (no final da frase, só preencha com a forma plural do item que procura):

» **Wo bekomme ich...?** *(vo be-__ko__-me icH)* (Onde consigo...?)

» **Wo finde ich...?** *(vo __fin__-de ich)* (Onde encontro...?)

As pessoas na seção de informações podem dizer ...**führen wir nicht** *(...__fûû__-ren vir nicHt)* (Nós não...) ou indicar a seção adequada da loja usando uma das frases a seguir:

» **Im Erdgeschoss.** *(im __ert__-gue-shos)* (No térreo.)

» **Im Untergeschoss**. *(im __un__-ter-gue-__shos__)* (Na sobreloja.)

» **In der... Etage.** *(in der... e-__ta__-je)* (No... piso.)

» **Im... Stock.** *(im... shtok)* (No... piso.)

» **Eine Etage höher.** *(__ai__-ne e-__ta__-je __hoe__-er)* (Um piso acima.)

» **Eine Etage tiefer.** *(__ai__-ne e-__ta__-je __ti__-fer)* (Um piso abaixo.)

Se quiser olhar uma seção da loja, pode usar a frase **Wo finde ich...?** *(vo fin-__de__ icH)* (Onde encontro...?), terminando com um dos seguintes nomes de departamento ou serviço:

» **den Aufzug/den Fahrstuhl** *(den __auf__-tsuk/den __far__-shtul)* (elevador)

» **die Damenabteilung** *(di __da__-men-ap-__tai__-lung)* (departamento feminino)

» **Haushaltsgeräte** *(__Haus__-Halts-gue-__re__-te)* (eletrodomésticos)

» **die Herrenabteilung** *(di He-ren-ap-__tai__-lung)* (departamento masculino)

CAPÍTULO 6 **Comprando até Cansar** 105

- **»** **die Kinderabteilung** *(di kin-der-ap-tai-lung)* (departamento infantil)

- **»** **die Rolltreppe** *(di rol-tré-pe)* (escada rolante)

- **»** **die Schmuckabteilung** *(di shmuk-ap-tai-lung)* (departamento de joias)

- **»** **die Schuhabteilung** *(di shu-ap-tai-lung)* (departamento de calçados)

Procurando com estilo

Às vezes você só quer conferir a mercadoria sozinho, sem a ajuda de ninguém. Contudo, os vendedores podem oferecer ajuda dizendo algo como:

- **»** **Suchen Sie etwas Bestimmtes?** *(zu-cHen zi et-vas be-shtim-tes)* (Você está procurando algo específico?)

- **»** **Kann ich Ihnen behilflich sein?** *(kan icH i-nen be-Hilf-lich zain)* (Posso ajudá-lo?)

Quando só quiser olhar, esta frase pode ajudá-lo a recusar a ajuda educadamente:

Ich möchte mich nur umsehen. *(icH moecH-te micH nur um-zen)* (Só quero dar uma olhada.)

O vendedor lhe dirá que está tudo bem que você continue olhando com uma das seguintes frases:

- **»** **Aber natürlich. Sagen Sie Bescheid, wenn Sie eine Frage haben.** *(a-ber na-tûûr-licH. za-guen zi be-shait, ven zi ai-ne fra-gue Ha-ben)* (Claro. Avise-me se precisar de ajuda.)

- **»** **Rufen Sie mich, wenn Sie eine Frage haben.** *(ru-fen zi micH, ven zi ai-ne fra-gue Ha-ben)* (Procure-me se tiver alguma pergunta.)

Conseguindo ajuda

Em algumas situações, você pode querer ou precisar de ajuda. Eis algumas frases úteis que pode dizer ou ouvir:

» **Würden Sie mir bitte helfen? Ich suche...** *(vûûr-den zi mir bi-te Hel-fen. ich zu-cHe...)* (Você poderia me ajudar, por favor? Estou procurando...)

» **Aber gern, hier entlang bitte.** *(a-ber guern, Hir ent-lang bi-te)* (Mas com prazer. Por aqui, por favor.)

» **Welche Größe suchen Sie?** *(vel-che groe-sse zu-cHen zi)* (Que tamanho você está procurando?)

» **Welche Farbe soll es sein?** *(vel-cHe far-be zol es zain)* (De que cor você quer?)

» **Wie gefällt Ihnen diese Farbe?** *(vi gue-felt i-nen di-ze far-be)* (Você gosta desta cor?)

Palavras a Saber

die Abteilung	*di ab-tai-lungk*	departamento
der Aufzug	*der auf-tsugk*	elevador
die Farbe	*di far-be*	cor
gefallen	*gue-fa-len*	gostar
die Größe	*di groe-sse*	tamanho
hier entlang	*Hir ent-langk*	por aqui
die Rolltreppe	*di rol-tre-pe*	escada rolante

Comprando com educação

DICA

Ao pedir a ajuda de alguém (ou informações), vale a pena adicionar **bitte** *(bi-te)* (por favor) a seu pedido. Por exemplo:

» **Wo finde ich Schuhe, bitte?** *(vo fin-de icH shu-e, bi-te)* (Onde encontro sapatos, por favor?)

» **Wo ist der Aufzug, bitte?** *(vo ist der auf-tsugk, bi-te)* (Onde fica o elevador, por favor?)

Ao pedir ajuda, você pode ser especialmente gentil e dizer **Entschuldigen Sie, bitte...** *(ent-shul-di-gen zi, bi-te)* (Com licença, por favor...) no começo do seu pedido.

» **Entschuldigen Sie, bitte, wo sind die Toiletten?** *(ent-shul-di-guen zi, bi-te, vo zint di to-a-le-ten)* (Com licença, por favor, onde ficam os banheiros?)

» **Entschuldigen Sie, bitte, wo finde ich Wintermäntel?** *(ent-shul-di-guen zi, bi-te, vo fin-de ich vin-ter-mén-tel)* (Com licença, por favor, onde encontro casacos de inverno?)

Se achar essa frase muito longa, use a palavra **Entschuldigung** *(ent-shul-di-gung)* (que é traduzida como o sinônimo "licença") antes de tudo o que for pedir:

Entschuldigung. Wo ist der Ausgang, bitte? *(ent-shul-di-gung, vo ist der aus-gang, bi-te)* (Com licença, onde fica a saída, por favor?)

Comprando Roupas

O que o seu coração deseja? Muitos termos para roupas são unissex, mas alguns normalmente são reservados para um gênero.

Alguns itens normalmente feitos para mulheres incluem:

- » **die Bluse** *(di blu-ze)* (blusa)
- » **der Hosenanzug** *(der Hoh-zen-an-tsugk)* (terninho)
- » **das Kleid** *(das klait)* (vestido)
- » **das Kostüm** *(das kos-tûûm)* (terno)
- » **der Rock** *(der rok)* (saia)

As palavras a seguir normalmente são usadas com roupas para homens:

- » **der Anzug** *(der an-tsug)* (terno)
- » **das Oberhemd** *(das o-ber-Hemt)* (camisa de botões)

Os itens a seguir normalmente são considerados unissex:

- » **der Blazer** *(der ble-zer)* (blazer)
- » **das Hemd** *(das Hemt)* (camisa)
- » **die Hose** *(di Ho-ze)* (calça)
- » **die Jacke** *(di ia-ke)* (cardigan, casaco)
- » **das Jackett** *(das ja-ket)* (jaqueta/casaco esportivo)
- » **die Krawatte** *(di kra-va-te)* (gravata)
- » **der Mantel** *(der man-tel)* (casaco)
- » **der Pullover** *(der pu-lo-ver)* (suéter)
- » **das T-Shirt** *(das t-shirt)* (camiseta)
- » **die Weste** *(di ves-te)* (colete)

CAPÍTULO 6 **Comprando até Cansar** 109

É claro que esses itens podem vir em diversos tecidos e estilos, incluindo os seguintes:

- **die Baumwolle** *(di <u>baum</u>-vo-le)* (algodão)
- **das Leder** *(das <u>le</u>-der)* (couro)
- **das Leinen** *(das <u>lai</u>-nen)* (linho)
- **die Seide** *(di <u>zai</u>-de)* (seda)
- **die Wolle** *(di <u>vo</u>-le)* (lã)
- **einfarbig** *(<u>ain</u>-far-bigk)* (cor sólida)
- **elegant** (e-le-<u>gant</u>) (elegante)
- **geblümt** *(gue-<u>blûûmt</u>)* (florido)
- **gepunktet** *(gue-<u>punk</u>-tet)* (de bolinhas)
- **gestreift** *(gue-<u>shtraift</u>)* (listrado)
- **kariert** *(ka-<u>rirt</u>)* (xadrez)
- **sportlich** *(<u>shport</u>-lich)* (esportivo, casual)

Colorindo em alemão

As **Farben** *(<u>far</u>-ben)* (cores) básicas são:

- **blau** *(blau)* (azul)
- **gelb** *(guelp)* (amarelo)
- **grün** *(grûûn)* (verde)
- **lila** *(<u>li</u>-la)* (roxo)
- **orange** *(o-rongj)* (alaranjado)
- **rot** *(rot)* (vermelho)

>> **schwarz** *(shuarts)* (preto)

>> **violet** *(vi-o-let)* (violeta, roxo)

>> **weiß** *(vais)* (branco)

Pratique nomes de roupas e cores usando o seguinte diálogo entre um vendedor e um cliente:

Vendedor: **Kann ich Ihnen behilflich sein?** *(kan icH i-nen be-Hilf-lich zain)* (Posso ajudá-lo?)

Cliente: **Ja bitte. Ich suche eine Bluse.** *(ya bi-te. ich zu-cHe ai-ne blu-ze)* (Sim, por favor. Estou procurando uma blusa.)

Vendedor: **Hier entlang, bitte. Welche Farbe soll es denn sein?** *(Hir ent-lang bi-te. vel-cHe far-be zol es den zain)* (Por aqui, por favor. De que cor deseja?)

Cliente: **Weiß.** *(vaIs)* (Branca.)

Vendedor: **Suchen Sie etwas Sportliches?** *(zu-cHen zi et-vas shport-li-cHes)* (Você quer algo casual?)

Cliente: **Nein, eher etwas Elegantes.** *(nain, ê-er et-vas e-le-gan-tes)* (Não, prefiro algo elegante.)

Vendedor: **Gut. Welche Größe haben Sie?** *(gut, vel-che groe-sse Ha-ben zi)* (Bom. Qual é o seu tamanho?)

Cliente: **Größe 38.** *(groe-sse acH-tun-drai-sigk)* (Tamanho 38.)

Vendedor: **Wie gefällt Ihnen dieses Modell?** *(vi gue-felt i-nen di-zes mo-del)* (O que acha deste estilo?)

Experimentando

Quando encontrar algo que pareça promissor, precisa experimentar. Você pode fazer ao vendedor a seguinte pergunta, com o nome do artigo que quer experimentar:

Kann ich... anprobieren? *(kan ich... an-pro-bi-ren)* (Posso experimentar...?)

Um vendedor pode ser mais rápido e perguntar:

Möchten Sie... anprobieren? (*moecH-ten zi... an-pro-bi-ren*) (Gostaria de experimentar...?)

Em ambos os casos, você precisa usar os provadores, sobre os quais pode perguntar dizendo:

Wo sind die Umkleidekabinen? (*vo zint di um-klai-de-ka-bi-nen*) (Onde ficam os provadores?)

Depois de experimentar o item, o vendedor lhe fará qualquer uma das perguntas a seguir para descobrir se você gostou do que viu no provador:

> » **Passt...?** *(past...)* (O/A... serviu?)
>
> » **Wie passt Ihnen...?** *(wie past einen...)* (Como ficou o/a... em você?)
>
> » **Gefällt Ihnen...?** *(gue-felt i-ne...)* (Você gostou do/da...?)

Você pode responder com qualquer uma das frases a seguir, dependendo de como tudo correu quando experimentou o item:

> » **Nein,... ist zu lang/kurz/eng/weit/groß/klein.** *(nain,... ist tsu lang/kurts/eng/vait/gross/klain)* (Não... é muito comprido/curto/apertado/largo/grande/pequeno.)
>
> » **Können Sie mir eine andere Größe bringen?** *(koe-nen zi mir ai-ne an-de-re groe-sse brin-gn)* (Você pode pegar outro tamanho?)
>
> » **... passt sehr gut.** *(... past zer gut)* (... serviu muito bem.)
>
> » **... steht mir.** *(... shtet mir)* (... combina comigo.)
>
> » **... gefällt mir.** *(... gue-felt mir)* (Eu gostei...)
>
> » **Ich nehme...** *(icH ne-me...)* (Vou levar...)

Dê uma olhada nestas frases em ação:

» **Ich möchte die Bluse anprobieren. Wo sind die Umkleidekabinen, bitte?** (*icH <u>moecH</u>-te di <u>blu</u>-ze <u>an</u>-pro-bi-ren. vo zint di <u>um</u>-klai-de-ka-<u>bi</u>-nen, <u>bi</u>-te*) (Eu gostaria de experimentar esta blusa. Onde ficam os provadores, por favor?)

» **Ja, natürlich. Hier entlang, bitte.** (*ya na-<u>tûûr</u>-lich. Hir ent-<u>lang</u>, <u>bi</u>-te*) (É claro. Por aqui, por favor.)

» **Passt die Bluse?** (*past di <u>blu</u>-ze*) (A blusa serviu?)

» **Ja. Ich nehme die Bluse!** (*ja. ich <u>ne</u>-me di <u>blu</u>-ze*) (Sim. Vou levar a blusa.)

Palavras a Saber

anprobieren	<u>an</u>-pro-bi-ren	experimentar
bringen	<u>brin</u>-gn	trazer
eng	eng	apertado
gefallen	gue-<u>fa</u>-len	gostar
... gefällt mir	gue-<u>félt</u> mir	Eu gosto...
groß	gross	grande
kaufen	<u>kau</u>-fen	comprar
klein	klain	pequeno
kurz	kurts	curto
lang	lang	longo
das Modell	das mo-<u>dèl</u>	estilo
passen	<u>pas</u>-sen	servir
stehen	<u>ste</u>-en	combinar
die Umkleidekabine	di <u>um</u>-klai-de-ka-<u>bi</u>-ne	provador
weit	vait	largo

CAPÍTULO 6 **Comprando até Cansar** 113

Indo aos Mercados

Às vezes você prefere cozinhar, em vez de comer fora. Você precisa saber aonde ir e o que comprar.

A seguir está uma lista de lojas onde comprar e os grupos de alimentos que vendem:

- » **die Bäckerei** *(di bé-ke-rai)* (padaria)
- » **die Backwaren** *(di bak-va-ren)* (produtos de panificação)
- » **der Fisch** *(der fish)* (peixe)
- » **das Fleisch** *(das flaish)* (carne)
- » **das Gebäck** *(das gue-bék)* (massas)
- » **das Gemüse** *(das gue-mûû-ze)* (vegetais)
- » **das Lebensmittelgeschäft** *(das le-bents-mit-tel-gue-shéft)* (mercearia)
- » **der Markt** *(der markt)* (mercado)
- » **die Metzgerei** *(di mets-gue-rai)* (açougue)
- » **das Obst** *(das opst)* (frutas)
- » **die Spirituosen** *(di shpi-ri-tu-o-zen)* (destilados)
- » **der Supermarkt** *(der zu-per-markt)* (supermercado)
- » **die Weinhandlung** *(di vain-Hând-lung)* (loja de vinhos)

Encontrando o que precisa

Nas várias lojas você encontra as seguintes mercadorias. Primeiro, frutas e vegetais:

- » **der Apfel** *(der apfel)* (maçã)
- » **die Banane** *(di ba-na-ne)* (banana)

114　　Guia de Conversação Alemão Para Leigos

» **die Birne** *(di bir-ne)* (pera)

» **die Bohne** *(di bo-ne)* (vagem)

» **der Brokkoli** *(der bro-koli)* (brócolis)

» **die Erbse** *(di erp-se)* (ervilha)

» **die Erdbeere** *(di ert-be-re)* (morango)

» **die Gurke** *(di gur-ke)* (pepino)

» **die Kartoffel** *(di kar-tof-fel)* (batata)

» **der Kohl** *(der kol)* (repolho)

» **der Kopfsalat** *(der kopf-za-lat)* (alface)

» **die Möhre** *(di moe-re)* (cenoura)

» **die Orange** *(di o-rong-je)* (laranja)

» **die Paprika** *(di pap-ri-ka)* (pimentão vermelho, amarelo, verde)

» **der Pilz** *(der pilts)* (cogumelo)

» **der Reis** *(der raiss)* (arroz)

» **der Salat** *(der za-lat)* (salada)

» **das Sauerkraut** *(das zauer-kraut)* (chucrute)

» **der Spinat** *(der shpi-nat)* (espinafre)

» **die Tomate** *(di to-ma-te)* (tomate)

» **die Zucchini** *(di tsu-ki-ni)* (abobrinha)

» **die Zwiebel** *(di tsui-bel)* (cebola)

Se estiver procurando peixes e carnes alemãs, confira as seguintes:

» **die Bratwurst** *(di braht-vurst)* (linguiça)

» **die Flunder** *(di flun-der)* (linguado)

- » **das Hähnchen** *(das hên-chen)* (frango)
- » **der Kabeljau** *(der ka-bel-iau)* (bacalhau)
- » **die Krabben** *(di kra-ben)* (camarões)
- » **der Krebs** *(der krebs)* (caranguejo)
- » **die Muschel** *(di mu-shel)* (mexilhão)
- » **das Rindfleisch** *(das rint-flaish)* (carne bovina)
- » **der Schinken** *(der shing-ken)* (presunto)
- » **das Schweinefleisch** *(das shuai-ne-flaish)* (carne de porco)
- » **der Speck** *(der shpek)* (bacon)
- » **der Tunfisch** *(der tun-fish)* (atum)
- » **die Wurst** *(di vurst)* (salsicha)

E não se esqueça do seu pão e leite básicos:

- » **das Brot** *(das brot)* (pão)
- » **das Brötchen** *(das broet-chen)* (brioche)
- » **die Butter** *(di bu-ter)* (manteiga)
- » **der Käse** *(der kê-ze)* (queijo)
- » **der Kuchen** *(der ku-cHen)* (bolo)
- » **die Milch** *(di milcH)* (leite)
- » **die Sahne** *(di za-ne)* (creme)
- » **das Schwarzbrot** *(das shuarts-brot)* (pão preto)
- » **die Torte** *(di tor-te)* (torta)
- » **das Weißbrot** *(das vaiss-brot)* (pão branco)

Pedindo quantidades

Pedir algo a alguém na feira ou no supermercado é o mesmo que fazer um pedido em um restaurante. É só dizer

Ich hätte gern... *(icH Hé-te guern)* (Eu gostaria de...)

No final dessa frase você diz à pessoa o que quer, que pode incluir qualquer um dos pesos e medidas a seguir:

> » **ein/zwei Kilo** *(ain/tsuai ki-lo)* (um quilo/dois quilos)
>
> » **ein/zwei Pfund** *(ain pfunt)* (uma libra/duas libras)
>
> » **ein/einhundert Gramm** *(ain/ain-Hun-dert gram)* (um grama/cem gramas)
>
> » **ein/zwei Stück** *(ain/tsuai shtûûk)* (um pedaço/dois pedaços)
>
> » **eine Scheibe/zwei Scheiben** *(ai-ne shai-be/tsuai shai-ben)* (uma fatia/duas fatias)

Para especificar exatamente o que deseja, simplesmente adicione a palavra adequada ao fim da frase. Por exemplo, se quisesse um quilo de maçãs, diria:

Ich hätte gern ein Kilo Äpfel. *(icH Hé-te guern ain ki-lo apfel)* (Eu gostaria de um quilo de maçãs.)

Palavras a Saber

Das wär's.	*das vers*	É isso.
das Gramm	*das gram*	grama
das Kilo	*das ki-lo*	quilo
das Pfund	*das pfunt*	libra
Sonst noch etwas?	*zonst nocH et-vas*	Mais alguma coisa?
wie viel	*vi fil*	quanto
wie viele	*vi fi-le*	quantos
Was darf es sein?	*vas darf es zain*	Do que gostaria?

Pagando a Conta

De vez em quando você pode se ver em uma situação em que precisa perguntar o preço **(der Preis)** *(der prais)* de algo. As seguintes frases simples tratam do preço:

» **Was kostet...?** *(vas kos-tet)* (Quanto... custa?)

» **Wie viel kostet...?** *(vi fil kos-tet)* (Quanto... custa?)

Quando estiver pronto para fazer a compra, veja o diálogo a seguir entre um vendedor e o cliente para ajudá-lo:

Vendedor: **Das macht 69.90 DM.** *(das macHt noin-unt-zecH-tsigk mark nóin-tsigk)* (69,90 marcos, por favor.)

Cliente: **Nehmen Sie Kreditkarten?** *(nêm-en si kre-dit-kar-ten)* (Posso pagar com cartão de crédito?)

118   Guia de Conversação Alemão Para Leigos

Vendedor: **Kein Problem.** (*kain pro-blem*) (Sem problemas.)

Cliente: **Hier bitte.** (H*ir bi-te*) (Aqui, por favor.)

Vendedor: **Danke. Würden Sie bitte unterschreiben? Und hier ist Ihre Quittung.** (*dang-ke. Wûûr-den zi bi-te unter-schrai-ben? unt Hir ist i-re qui-tung*) (Obrigado. Você pode assinar aqui? E aqui está seu recibo.)

Cliente: **Danke!** (*dang-ke*) (Obrigado!)

Palavras a Saber

kosten	*kos-ten*	custar
die Mehrwert-steuer (Mwst)	*di mer-vert-shtói-er*	imposto acrescentado sobre o valor
der Preis	*der prais*	preço

CAPÍTULO 6 **Comprando até Cansar** 119

> **NESTE CAPÍTULO**
>
> » Saindo na cidade
>
> » Indo a uma festa
>
> » Falando sobre hobbies e esportes
>
> » Saindo ao ar livre

Capítulo **7**

Priorizando o Lazer

Este capítulo é todo sobre diversão — seja indo ao cinema, a uma festa ou aproveitando hobbies, esportes e o ar livre.

Descobrindo o que Você Quer Fazer

Às vezes você quer sair sozinho e às vezes quer companhia. Se quiser ideias para socializar com alguém, você pode perguntar:

Was wollen wir unternehmen? *(vas vo-len vir un-ter-ne-men)* (O que queremos fazer?)

Use as frases a seguir se quiser descobrir os planos de alguém. Estas frases também são muito úteis se precisar saber se alguém está disponível:

> » **Haben Sie (heute Abend) etwas vor?** *(Ha-ben zi [Hoi-te a-bent] et-vas for)* (Você tem algo planejado [para hoje à noite]?)

> » **Hast du (morgen Vormittag) etwas vor?** *(Hast du [mór-guen for-mi-tagk] et-vas for)* (Você tem algo planejado [para amanhã de manhã]?)
>
> » **Haben Sie (heute Abend) Zeit?** *(Ha-ben zi [Hoi-te a-bent] tsait)* (Você está livre [esta noite]?)

Indo ao cinema

Quando quiser ir ao cinema, use as frases a seguir para que todos saibam:

> » **Ich möchte ins Kino gehen.** *(icH moecH-te ins ki-no ge-en)* (Eu gostaria de ir ao cinema.)
>
> » **Ich möchte einen Film sehen.** *(icH moecH-te ai-nen film ze-en)* (Eu gostaria de ver um filme.)

Para se informar sobre um filme:

> » **In welchem Kino läuft...?** *(in vel-chem ki-no lóift...)* (Em qual cinema está passando...?)
>
> » **Um wie viel Uhr beginnt die Vorstellung?** *(um vi-fil ur be-guint di vor-ste-lung)* (A que horas a exibição começa?)
>
> » **Läuft der Film im Original oder ist er synchronisiert?** *(lóift der film im o-ri-gui-nal o-der ist er zin-kro-ni-zirt)* (O filme está no [idioma] original ou é dublado?)
>
> » **Ich habe den Film gesehen.** *(icH Ha-be den film gue-ze-en)* (Eu vi o filme.)

Você usa as seguintes frases para comprar ingressos, seja para cinema, museu, ópera ou teatro:

122   Guia de Conversação Alemão Para Leigos

» **Ich möchte... Karten für...** *(icH <u>moech</u>-te... kar-ten fûûr...)* (Eu gostaria de... ingressos para...)

» **Die Vorstellung hat schon begonnen.** *(di <u>for</u>-shte-lung Hat shon be-<u>go</u>-nen)* (A exibição já começou.)

» **Die... -Uhr-Vorstellung ist leider ausverkauft.** *(di... -ur-<u>for</u>-ste-lung isst <u>lai</u>-der <u>aus</u>-fer-kauft)* (A exibição das... horas infelizmente está esgotada.)

» **Wir haben noch Karten für die Vorstellung um... Uhr.** (vir Ha-ben nocH kar-ten fûûr di for-shte-lung um... ur) (Há ingressos disponíveis para a exibição das... horas.)

» **Habt ihr Karten für die Matini gekauft?** *(Hapt ir <u>kar</u>-ten fûûr di ma-ti-<u>ne</u> gue-<u>kauft</u>)* (Você comprou ingressos para a matinê?)

Palavras a Saber

die Eintrittskarte	*di <u>ain</u>-trits-kar-te*	ingresso
die Karte	*di <u>kar</u>-te*	ingresso
das Kino	*das <u>ki</u>-no*	cinema
laufen	*<u>lau</u>-fen*	exibir
der Platz	*der plats*	lugar
sehen	*<u>ze</u>-en*	ver
der Spielfilm	*der <u>shpil</u>-film*	longa-metragem
synchronisiert	*zin-kro-ni-<u>zirt</u>*	dublado
die Vorstellung	*di <u>for</u>-shte-lung*	exibição

CAPÍTULO 7 **Priorizando o Lazer**

Indo ao museu

A Alemanha (assim como a Áustria e a Suíça) tem uma longa e frutífera tradição artística, com muitos museus respeitáveis espalhados em vários pontos do país. Se quiser ir a um, diga:

Ich möchte ins Museum gehen. *(icH moecH-te ins mu-ze-um ge-en)* (Eu gostaria de ir ao museu.)

Quando quiser ver uma exposição — **Ausstellung** *(aus-shte-lung)* —, as frases a seguir são úteis:

» **Ich möchte die... Ausstellung sehen.** *(Ich moech-te di aus-shte-lung zehn)* (Eu gostaria de ver a exposição...)

» **In welchem Museum läuft die... Ausstellung?** *(in vel-cHem mu-ze-um lóift di... aus-shte-lung)* (Em qual museu a exposição... está?)

» **Ist das Museum sonntags geöffnet?** *(ist das mu-ze-um zón-tagks gue-oef-net)* (O museu abre aos domingos?)

» **Um wie viel Uhr öffnet das Museum?** *(um vi fil ur oef-net das mu-ze-um)* (A que horas o museu abre?)

» **Haben Sie eine Sonderausstellung?** *(Ha-ben zi ai-ne zon-der-aus-shte-lung)* (Vocês têm uma exposição especial?)

» **Wir wollen morgen um 10.00 Uhr in die Ausstellung.** *(vir vo-len mór-guen um tsen ur in di aus-shte-lung)* (Queremos ir à exposição amanhã às dez horas.)

A plateia vai ao delírio

As palavras e frases a seguir o ajudam em uma ida à ópera ou teatro:

» **Ich möchte ins Theater/Konzert gehen.** *(icH moecH-te ins te-a-ter/ Kon-tsert ge-en)* (Eu gostaria de ir ao teatro/a um concerto.)

Palavras a Saber

das Ballett	*das ba-let*	balé
der Beifall	*der bai-fal*	aplausos
die Kinokasse/ Theaterkasse	*di ki-no-ka-sse/ te-a-ter-ka-sse*	bilheteria (cinema) e teatro
klatschen	*klat-shen*	aplaudir
die Oper	*di o-per*	ópera/casa de óperas
die Pause	*di pau-ze*	intervalo
der Platz	*der plats*	lugar
der Sänger/die Sängerin	*der zen-guer/di zen-gue-rin*	cantor/a
der Schau-spieler/ die Schauspielerin	*der shau-shpi-ler/di shau spi-le-rin*	ator/atriz
singen	*zin-guen*	cantar
tanzen	*tan-tsen*	dançar
der Tänzer/die Tänzerin	*der ten-tser/di ten-tse-rin*	dançarino
das Theater	*das te-a-ter*	teatro
die Zugabe	*di tsu-ga-be*	bis

» **Ich möchte in die Oper gehen.** *(icH moecH-te in di o-per ge-en)* (Eu gostaria de ir à ópera.)

» **Gehen wir ins Theater/Konzert.** *(ge-en vir ins te-a-ter/kon-tsert)* (Vamos ao teatro/a um concerto.)

» **Gehen wir in die Oper.** *(ge-en vir in di o-per)* (Vamos à ópera.)

CAPÍTULO 7 **Priorizando o Lazer** 125

>> **Wann ist die Premiere von...?** *(van ist di prem-ie-re fon...)* (Quando é a estreia de...?)

>> **In welchem Theater spielt...?** *(in vel-cHem te-a-ter shpilt...)* (Em qual teatro... está?)

>> **Gibt es noch Orchesterplätze für die Matinee?** *(gipt es nocH or-kes-ter-plé-tse fûûr di ma-ti-nee?)* (Há algum lugar disponível na plateia para a matinê?)

Como Foi o Show? Falando sobre Cultura

Quando se trata de cultura, todo mundo parece ser um crítico. Você não quer perder a diversão, quer?

As duas perguntas a seguir o ajudam a começar (a primeira versão é para falar com alguém formalmente; a segunda, informalmente):

>> **Hat Ihnen die Ausstellung/der Film/die Oper gefallen?** *(Hat i-nen di aus-shte-lung/der film/di o-per gue-fa-len)* (Você gostou da exposição/filme/ópera?) (formal)

>> **Hat dir die Ausstellung/der Film/die Oper gefallen?** *(Hat dir di aus-shte-lung/der film/di o-per gue-fa-len)* (Você gostou da exposição/filme/ópera?) (informal)

Para responder, experimente uma destas:

>> **Die Ausstellung/der Film/die Oper hat mir (sehr) gut gefallen.** *(di aus-shte-lung/der film/di o-per Hat mir zer gut gue-fa-len)* (Eu gostei [muito] da exposição/filme/ópera.)

126   Guia de Conversação Alemão Para Leigos

>> **Die Ausstellung/der Film/die Oper hat mir (gar) nicht gefallen.** *(di aus-shte-lung/der film/di o-per Hat mir (gar) nicHt gue-fa-len)* (Eu não gostei [nem um pouco] da exposição/filme/ópera.)

Você pode justificar sua opinião. Comece dizendo:

Die Ausstellung/der Film/die Oper war wirklich... *(di aus-shte-lung/der film/di o-per var virk-licH...)* (A exposição/filme/ópera foi muito...)

Termine o pensamento com qualquer um dos adjetivos a seguir que se apliquem. (Você pode sempre juntar alguns desses adjetivos com a conjunção **und** *[unt]* [e] se quiser.):

>> **aufregend** *(auf-re-guent)* (empolgante)

>> **ausgezeichnet** *(aus-gue-tsaicH-net)* (excelente)

>> **enttäuschend** *(ent-tói-shent)* (decepcionante)

>> **langweilig** *(lang-vai-lig)* (entediante)

>> **phantastisch** *(fan-tas-tish)* (fantástico)

>> **sehenswert** *(ze-ens-vert)* (valeu a pena ver)

>> **spannend** *(shpa-nent)* (cheio de suspense)

>> **unterhaltsam** *(un-ter-Halt-zam)* (divertido)

>> **wunderschön** *(vun-der-shoen)* (lindo)

Confira o diálogo a seguir para um exemplo de uma conversa sobre entretenimento:

Claudia: **Sind Sie nicht gestern im Theater gewesen?** *(zint zi nicht gues-tern im te-a-ter gue-we-zen)* (Você não estava no teatro ontem?)

Ian: **Ich habe das neue Ballet gesehen.** *(icH Ha-be das nói-e ba-let gue-ze-en)* (Eu vi o novo balé.)

CAPÍTULO 7 **Priorizando o Lazer** 127

Claudia: **Wie hat es Ihnen gefallen?** (*vi Hat es i-nen gue-fa-len*) (O que você achou?)

Ian: **Die Tänzer sind phantastisch. Die Vorstellung hat mir aus-gezeichnet gefallen.** (*di tén-tser zint fan-tas-tish. di for-shte-lung Hat mir aus-gue-tsaich-net gue-fa-len*) (Os dançarinos são fabulosos. Gostei muito da performance.)

Claudia: **War es einfach, Karten zu bekommen?** (*var es ain-facH, kar-ten tsu be-ko-men*) (Foi fácil de conseguir ingresso?)

Ian: **Ja. Ich habe die Karte gestern Morgen an der Theaterkasse gekauft.** (*ya, ich Ha-be di kar-te gues-tern mór-guen an der te-a-ter-kas-se gue-kauft*) (Sim, comprei o ingresso na bilheteria ontem pela manhã.)

Indo a uma Festa

Se for convidado a uma festa, pode ouvir alguém dizer: "É minha festa e eu choro se quiser", mas você não precisa ser um estraga--prazeres, então use as seguintes frases e divirta-se:

» **Ich würde Sie gern zu einer Party einladen.** *(icH vûûr-de zi guern tsu ai-ner par-ti ain-laa-den)* (Eu gostaria de convidá-lo para uma festa.)

» **Wir wollen eine Party feiern. Hast du Lust zu kommen?** *(vir vo-len ai-ne par-ti fai-ern. Hast du lust tsu ko-men)* (Queremos dar uma festa. Você quer ir?)

Para perguntar quando e onde será a festa:

» **Wann findet die Party statt?** *(van fin-det di par-ti shtat)* (Quando será a festa?)

» **Wo findet die Party statt?** *(vo fin-det di par-ti shtat)* (Onde será a festa?)

128   Guia de Conversação Alemão Para Leigos

Se não puder ir (ou não quiser, por alguma razão), você recusa educadamente o convite dizendo:

>> **Nein, tut mir leid, ich kann leider nicht kommen.** *(nain, tut mir lait, icH kan lai-der nicht ko-men)* (Não, desculpe-me. Infelizmente não poderei ir.)

>> **Nein, da kann ich leider nicht. Ich habe schon etwas anderes vor.** *(nain, da kan icH lai-der nicht. ich Ha-be shohn et-vas an-de-res for)* (Não, infelizmente não poderei ir. Tenho outros planos.)

Se o horário, o local e seu humor estiverem favoráveis, você pode aceitar um convite com as seguintes frases:

>> **Vielen Dank. Ich nehme die Einladung gern an.** *(fi-len dangk. icH ne-me di ain-la-dung guern an)* (Muito obrigado. Aceitarei o convite com prazer.)

>> **Gut, ich komme gern. Soll ich etwas mitbringen?** *(gut, ich ko-me guern. zol ich et-vas mit-brin-guen)* (Bom, eu adoraria ir. Você quer que eu leve alguma coisa?)

Para a pergunta sobre levar algo consigo, o anfitrião pode responder:

>> **Nicht nötig. Für Essen und Trinken ist gesorgt.** *(nicHt noe-tig. fûûr es-sen unt trin-ken ist gue-zorgt)* (Não é necessário. Já cuidei da comida e da bebida.)

>> **Es wäre schön, wenn Sie... mitbringen.** *(es ve-re shoen, ven zi... mit-brin-guen)* (Seria bom se você trouxesse...)

>> **Es wäre schön, wenn du... mitbringst.** *(es ve-re shoen, ven du... mit-brin-gst)* (Seria bom se trouxesse...)

CAPÍTULO 7 **Priorizando o Lazer** 129

Falando sobre Hobbies e Interesses

Muitas pessoas preenchem seu tempo de lazer com hobbies. Esta seção mostra como falar sobre os seus. Se for um colecionador, pode falar sobre seus interesses com uma das seguintes frases:

» **Ich sammele...** *(icH zame-le...)* (Eu coleciono...)

» **Ich interessiere mich für...** *(icH in-te-re-si-re micH fûûr...)* (Eu tenho interesse por...)

No final das frases, você acrescenta o que gosta de colecionar. Por exemplo, poderia finalizar com qualquer uma das seguintes opções:

» **antikes Glas und Porzellan** *(an-ti-kes glass unt por-tse-lan)* (copos e porcelanas antigas)

» **Antiquitäten und Trödel** *(an-ti-qui-te-ten unt troe-del)* (antiguidades e quinquilharias)

» **Briefmarken** *(brif-mar-ken)* (selos)

» **Münzen und Medaillen** *(mûûn-tsen unt me-dal-ien)* (moedas e medalhas)

» **Puppen** *(pu-pen)* (bonecas)

Algumas pessoas gostam de fazer trabalhos manuais. É só usar esta frase simples para introduzir o assunto:

Mein Hobby ist... *(main Ho-bi ist...)* (Meu hobby é...)

No final da frase, você adiciona a informação necessária. Por exemplo:

» **Basteln** *(bas-teln)* (artesanato)

» **Gärtnerei** *(guért-ne-rai)* (jardinagem)

>> **Kochen** *(ko-cHen)* (cozinhar)

>> **Malen** *(ma-len)* (pintar)

>> **...sammeln** *(...za-meln)* (colecionar...)

Praticando Esportes

Com as palavras e frases que mostramos nesta seção você será capaz de compartilhar seu interesse em esportes com outras pessoas.

Você pode expressar seu interesse em treinar muitos esportes com o verbo **spielen** *(shpi-len)* (jogar) na seguinte frase:

Ich spiele gern... *(icH shpi-le guern...)* (Gosto de jogar...)

Insira os nomes dos esportes a seguir no final da frase:

>> **Basketball** *(bas-ket-bal)* (basquetebol)

>> **Fußball** *(fuss-bal)* (futebol)

>> **Golf** *(golf)* (golfe)

>> **Handball** *(Hant-bal)* (handebol)

>> **Tennis** *(te-nis)* (tênis)

Alguns esportes têm verbos específicos. Com eles você usa a seguinte expressão para comunicar qual esporte está a fim de praticar:

Ich möchte gern... *(icH moecH-te guern...)* (Eu gostaria de...)

Agora é só inserir o verbo do esporte adequado ao final da frase:

>> **Fahrrad fahren** *(far-rat fa-ren)* (pedalar)

>> **joggen** *(io-guen)* (correr)

>> **schwimmen** *(shui-men)* (nadar)

CAPÍTULO 7 **Priorizando o Lazer** 131

> » **segeln** (_ze-gueln_) (velejar)

> » **Ski laufen** (_shii lau-fen_) (esquiar)

> » **Wind surfen** (_vint surfen_) (wind surf)

Se só estiver falando sobre um esporte de que gosta de maneira geral, use esta frase:

> **Ich... gern.** (_icH... guern_) (Eu gosto de...)

Aqui você precisa se lembrar de conjugar o verbo para completar a frase. Confira:

> » **Ich schwimme gern.** (_icH shui-me guern_) (Eu gosto de nadar.)

> » **Ich fahre gern Fahrrad.** (_icH fa-re guern far-rat_) (Eu gosto de pedalar.)

Se quiser perguntar se alguém deseja se juntar a você em uma atividade, use uma das seguintes expressões:

> » **Lass uns... gehen!** (_las uns... gue-en_) (Vamos...!)

> » **Spielst du...?** (_shpilst du..._) (Você joga...?)

Palavras a Saber

gewinnen	gue-_vi_-nen	ganhar
die Mannschaft	di _man_-shaft	time
das Spiel	das shpil	jogo
sich verletzen	zich fer-_le_-tsen	machucar-se
tut mir leid	tut mir lait	sinto muito

Explorando a Natureza

Você teve uma semana agitada no trabalho? Está cansado da espera pela sua vez de tomar banho depois de uma partida de futebol? Talvez você só queira fugir de tudo e experimentar a natureza sozinho ou com sua família e amigos.

Saindo e partindo

Quando se trata de fazer caminhadas, as frases a seguir podem guiá-lo:

» **Wollen wir spazieren/wandern gehen?** *(vo-len vir shpa-tsi-ren/van-dern gue-en)* (Devemos sair para um passeio/fazer uma caminhada?)

» **Ich möchte spazieren/wandern gehen.** *(icH moecH-te shpa-tsi-ren/van-dern gue-en)* (Eu gostaria de dar uma caminhada.)

Coisas para ver no caminho

Quando voltar de seu passeio ao ar livre, conte às pessoas o que viu:

» **Ich habe... gesehen.** *(icH Ha-be... gue-ze-en)* (Eu vi...)

» **Ich habe... beobachtet.** *(icH Ha-be... be-ob-acH-tet)* (Eu observei...)

Só preencha as lacunas. Você pode encontrar qualquer uma das seguintes coisas em sua excursão:

» **der Baum** *(der baum)* (árvore)

» **der Fluss** *(der fluss)* (rio)

» **das Gebirge** *(das gue-bir-gue)* (montanhas)

» **die Kuh** *(di ku)* (vaca)

CAPÍTULO 7 **Priorizando o Lazer** 133

- » **das Meer** *(das mer)* (mar, oceano)

- » **das Pferd** *(das pfert)* (cavalo)

- » **das Reh** *(das rê)* (veado)

- » **das Schaf** *(das shaaf)* (ovelha)

- » **der See** *(der zee)* (lago)

- » **der Vogel** *(der fo-guel)* (pássaro)

Lembre-se de usar o caso acusativo quando completar essas frases. (Veja o Capítulo 2 para mais informações sobre o caso acusativo.)

- » Para substantivos masculinos: **Ich habe einen Vogel gesehen.** *(icH Ha-be ai-nen fo-guel gue-ze-en)* (Eu vi um pássaro.)

- » Para substantivos femininos: **Ich habe eine Kuh gesehen.** *(icH Ha-be ai-ne ku gue-ze-en)* (Eu vi uma vaca.)

- » Para substantivos neutros: **Ich habe ein Reh gesehen.** (icH Ha-be ain re gue-ze-en) (Eu vi um veado.)

- » Ou você pode querer usar o plural, que geralmente é mais fácil: **Ich habe Vögel gesehen.** *(icH Ha-be foe-guel gue-ze-en)* (Eu vi pássaros.)

Indo para as montanhas

Esteja você planejando visitar os famosos Alpes ou uma das outras cadeias montanhosas, certifique-se de conhecer a população local. E antes de juntar-se a eles, fortaleça-se com um bom vocabulário:

- » **Wir fahren in die Berge.** *(vir fa-ren in di ber-gue)* (Nós vamos para as montanhas.)

- » **Wir wollen wandern gehen.** *(vir vo-len van-dern gue-en)* (Queremos fazer uma caminhada.)

134   Guia de Conversação Alemão Para Leigos

» **Ich will bergsteigen.** *(icH vil <u>berg</u>-shtai-guen)* (Quero fazer uma escalada.)

» **Wir wollen im Herbst in die Dolomiten zum Bergsteigen.** *(vir <u>vo</u>-len im Herpst in di do-lo-<u>mi</u>–ten tsum <u>berg</u>-shtai-guen)* (Queremos fazer uma caminhada nos Alpes Dolomitas no outono.)

» **Wir werden in Berghütten übernachten.** *(vir <u>ver</u>-den in <u>berg</u>-hûû-ten ûû-ber-<u>nacH</u>-ten)* (Vamos ficar em refúgios na montanha.)

Palavras a Saber

der Berg	*der berg*	montanha
das Gebirge	*das gue-<u>bir</u>-gue*	montanha
die Gegend	*di <u>gue</u>-guent*	área
der Gipfel	*der <u>guip</u>-fel*	pico
der Hügel	*der <u>hûû</u>-guel*	colina
die Karte	*di <u>kar</u>-te*	mapa
das Naturschutz-gebiet	*das na-<u>tur</u>-shuts-gue-<u>bit</u>*	reserva natural
spazieren gehen	*shpa-<u>tsi</u>-ren gue-en*	dar uma caminhada
das Tal	*das tal*	vale
wandern	*<u>van</u>-dern*	caminhar
die Wanderung	*di <u>van</u>-de-rung*	caminhada
der Weg	*der vegk*	trilha, caminho

CAPÍTULO 7 **Priorizando o Lazer** 135

Indo para o interior

Se prefere o ar fresco do interior, tudo de que precisa para começar é a linguagem certa:

>> **Wir fahren aufs Land.** *(vir fa-ren aufs lant)* (Nós vamos para o interior.)

>> **Wir machen Urlaub auf dem Bauernhof.** *(vir ma-cHen ur-laup auf dem bau-ern-Hof)* (Vamos tirar férias em uma fazenda.)

>> **Ich gehe im Wald spazieren.** *(icH gue-e im valt shpa-tsi-ren)* (Eu vou passear na floresta.)

>> **der Bauernhof** *(der bau-ern-Hof)* (fazenda)

>> **das Dorf** *(das dorf)* (vila)

>> **das Feld** *(das felt)* (campo)

>> **das Land** *(das lant)* (interior)

>> **der Wald** *(der valt)* (floresta)

>> **die Wiese** *(di vi-ze)* (campo)

Indo para o mar

Se decidir enfrentar o selvagem Mar do Norte ou contentar-se com o Mar Báltico, mais sereno, conseguirá aproveitar a natureza e conhecer os moradores locais ao mesmo tempo usando as palavras a seguir:

>> **die Ebbe** *(di e-be)* (maré baixa)

>> **die Flut** *(di flut)* (maré alta)

>> **die Gezeiten** *(di gue-tsai-ten)* (marés)

>> **die Küste** *(di kûûs-te)* (costa)

136   Guia de Conversação Alemão Para Leigos

» **das Meer** *(das mer)* (mar)

» **die Nordsee** *(di nort-ze)* (Mar do Norte)

» **die Ostsee** *(di ost-ze)* (Mar Báltico)

» **der Sturm** *(der shturm)* (tempestade)

» **die Welle** *(di ve-le)* (onda)

» **der Wind** *(der vint)* (vento)

NESTE CAPÍTULO

» **Gerenciando o telefone**

» **Mandando carta, fax e e-mail**

» **Trabalhando pelo escritório**

Capítulo **8**

Quando Você Precisa Trabalhar

sar o telefone, marcar compromissos e enviar e-mails faz parte de um dia de trabalho. Este capítulo o ajuda a sobreviver a esse dia em alemão.

Ligações Fáceis

Quando falantes de alemão atendem **das Telefon** *(das te-le-fon)* (o telefone), normalmente respondem à ligação dizendo seu sobrenome — especialmente quando estão no escritório. Se ligar para a casa de alguém, pode às vezes ouvir um simples **Hallo?** *(Ha-lo) (ou: Ha-lo)* (Alô?).

Para avisar que vai ligar para alguém ou pedir que lhe telefonem, use o verbo **anrufen** *(an-ru-fen)*. Este é um verbo separável, então

CAPÍTULO 8 **Quando Você Precisa Trabalhar** 139

o prefixo **an** *(an)* é separado da raiz **rufen** *(ru–fen)* (ligar), quando o conjuga:

Conjugação	Pronúncia
ich rufe an	*icH <u>ru</u>-fe an*
du rufst an	*du rufst an*
Sie rufen an	*zi rufen an*
er, sie, es ruft an	*er, zi, es ruft an*
wir rufen an	*vir rufen an*
ihr ruft an	*ir ruft an*
Sie rufen an	*zi rufen an*
sie rufen an	*zi rufen an*

Chamando alguém

Para pedir para falar com alguém, você tem algumas opções:

» **Ich möchte gern Herrn/Frau... sprechen.** *(icH <u>moecH</u>-te guern Hern/frau... <u>shpre</u>-chen)* (Eu gostaria de falar com o sr./a sra...)

» **Ist Herr/Frau... zu sprechen?** *(ist Her/frau... tsu <u>shpre</u>-chen)* (O sr./a sra... está disponível?)

» **Kann ich bitte mit Herrn/Frau... sprechen?** *(kan icH <u>bi</u>-te mit Hern/frau... <u>shpre</u>-cHen)* (Posso falar com o sr./a sra... por favor?)

» **Herrn/Frau..., bitte.** *(Hern/frau... <u>bi</u>-te)* (O sr./a sra... por favor.)

Se achar que alguém fala rápido demais para que você entenda, pode pedir para a pessoa:

» **Können Sie bitte langsamer sprechen?** *(<u>koe</u>-nen zi <u>bi</u>-te <u>lang</u>-za-mer <u>shpre</u>-cHen)* (Você poderia, por favor, falar mais devagar?)

> » **Können Sie das bitte wiederholen?** (_koe_-nen zi das _bi_-te _vi_-der-_Ho_-len) (Você poderia repetir, por favor?)

Fazendo a ligação

Depois de pedir para falar com uma pessoa específica, você pode ouvir várias respostas, dependendo de para quem liga e onde essa pessoa está:

> » **Am Apparat.** _(am apa-rat)_ (Eu mesmo.)

> » **Einen Moment bitte, ich verbinde.** (_ai_-nen mo-_ment_ _bi_-te, icH fer-_bin_-de) (Um momento, por favor. Vou transferir a ligação.)

> » **Er/sie telefoniert gerade.** (er/zi te-le-fo-_nirt_ gue-_ra_-de) (Ele/ela está em uma ligação no momento.)

> » **Die Leitung ist besetzt.** (di _lai_-tung ist be-_zetst_) (A linha está ocupada.)

> » **Können Sie später noch einmal anrufen?** (_koe_-nen zi _spê_-ter nocH _ain_-mal _an_-ru-fen) (Você poderia ligar novamente mais tarde?)

> » **Kann er/sie Sie zurückrufen?** (kan er/zi zi tsu-_rûûk_-ru-fen) (Ele/ela pode retornar sua ligação?)

> » **Hat er/sie Ihre Telefonnummer?** (Hat er/zi _ih_-re te-le-_fon_-nu-mer) (Ele/ela tem o seu número de telefone?)

Aqui estão algumas expressões úteis se algo der errado com a ligação:

> » **Es tut mir leid. Ich habe mich verwählt.** (es tut mir lait. icH _Ha_-be micH fer-_velt_) (Desculpe-me. Liguei para o número errado.)

> » **Ich kann Sie schlecht verstehen.** (icH kan zi shlecHt fer-_shte_-en) (Não consigo escutá-lo muito bem.)

> » **Er/sie meldet sich nicht.** (er/zi _mel_-det zicH nicHt) (Ele/ela não atende ao telefone.)

CAPÍTULO 8 **Quando Você Precisa Trabalhar** 141

Deixando recados

Infelizmente você nem sempre consegue falar com a pessoa para quem tenta ligar, e precisa deixar uma mensagem. Nesse caso, algumas das expressões a seguir são úteis:

>> **Kann ich ihm/ihr eine Nachricht hinterlassen?** *(kan icH im/ir ai-ne nacH-ricHt hin-ter-las-sen)* (Posso deixar um recado para ele/ela?)

>> **Kann ich ihm etwas ausrichten?** *(kan icH im et-vas aus-ricH-ten)* (Posso deixar/anotar um recado para ele?)

>> **Möchten Sie eine Nachricht hinterlassen?** *(moecH-ten zi ai-ne nacH-ricHt Hin-ter-las-sen)* (Você gostaria de deixar um recado?)

>> **Ich bin unter der Nummer... zu erreichen.** *(icH bin un-ter der nu-mer... tsu er-rai-chen)* (Posso ser encontrado no telefone...)

Note que **ihm** *(im)* e **ihr** *(ir)* são pronomes pessoais no caso dativo. Em alemão, você usa o dativo de pronomes para expressar que quer falar com uma pessoa (ele ou ela):

Ich möchte gern mit ihm/ihr sprechen. *(icH moecH-te guern mit im/ir spre-cHen)* (Eu gostaria de falar com ele/ela.)

Mas, cuidado, em alemão você não deixa um recado *para* alguém; só deixa um recado:

Ich hinterlasse Ihnen/dir/ihm/ihr eine Nachricht. *(icH Hin-ter-las-se i-nen/dir/im/ir ai-ne nacH-ricHt)* (Estou deixando um recado para você [formal/informal]/ele/ela.)

Dizendo tchau

Para se despedir ao telefone, você diz **auf Wiederhören!** *(auf vi-der-Hoe-ren!)*, em vez de **auf Wiedersehen** *(auf vi-der-ze-en)*, a expressão que usa para dar tchau a alguém que acabou de ver pessoalmente. **Auf Wiedersehen** combina **wieder** *(vi-der)* (de novo) com o verbo **sehen** *(ze-en)* (ver), e **auf Wiederhören** usa o verbo

hören (*Hoe-ren*) (escutar). Então significa, literalmente, "escutá-lo de novo".

Dê uma olhada no diálogo a seguir para uma conversa completa ao telefone:

Recepcionista: **Firma TransEuropa, guten Tag!** (*fir-ma trans-ói-ro-pa, guten tagk*) (Empresa TransEuropa, bom dia!)

Sr. Seibold: **Guten Tag, Seibold hier. Kann ich bitte mit Herrn Huber sprechen?** (*guten tagk, zai-bôldt hir. kan icH bi-te mit Hern Hu-ber shpre-cHen*) (Bom dia, é o Seibold aqui. Posso, por favor, falar com o sr. Huber?)

Recepcionista: **Guten Tag, Herr Seibold. Einen Moment bitte, ich verbinde.** (*guten tagk, Her zai-bôldt. ai-nen mo-ment bi-te, icH fer-bin-de*) (Bom dia, sr. Seibold. Um momento, por favor. Vou chamá-lo.)

Recepcionista: **Herr Seibold? Herr Huber spricht gerade auf der anderen Leitung. Möchten Sie ihm eine Nachricht hinterlassen?** (*Her zai-bôldt? Her Hu-ber shpricHt gue-ra-de auf der an-de-ren lai-tungk. moecH-ten zi im ai-ne nacH-ricHt Hin-ter-las-sen*) (Sr. Seibold? O sr. Huber está em outra ligação. Gostaria de deixar um recado?)

Sr. Seibold: **Ja bitte. Ich bin unter der Nummer 57 36 48 zu erreichen.** (*ia, bi-te. icH bin un-ter der nu-mer fûûnf ziben drai zeks fir acHt tsu er-rai-cHen*) (Sim, por favor. Posso ser encontrado no número 57 36 48.)

Recepcionista: **Ich werde es ausrichten!** (*icH ver-de es aus-ricH-ten*) (Vou passar seu recado.)

Sr. Seibold: **Vielen Dank! Auf Wiederhören!** (*fi-len dangk. auf vi-der-Hoe-ren*) (Muito obrigado! Tchau!)

Palavras a Saber

der Anruf-beantworter	*der an-ruf-be-ant-vorter*	secretária eletrônica
anrufen	*an-ru-fen*	ligar
das Telefon	*das te-le-fon*	telefone
das Telefonbuch	*das te-le-fon-bucH*	lista telefônica
das Telefongespräch	*das te-le-fon-gue-shprecH*	ligação telefônica
die Telefon-nummer	*di te-le-fon-nu-mer*	número de telefone
auf Wiederhören!	*ouf vi-der-Hoe-ren*	Tchau! (ao telefone)
zurückrufen	*tsu-rûûk-ru-fen*	retornar a ligação

Marcando Compromissos

Você quase não consegue ver alguém sem marcar um horário, então dê uma olhada neste vocabulário para ajudá-lo:

» **Ich möchte gern einen Termin machen.** *(icH moecH-te guern ai-nen ter-min ma-cHen)* (Eu gostaria de marcar um horário.)

» **Kann ich meinen Termin verschieben?** *(kan icH mai-nen ter-min fer-shi-ben)* (Posso mudar meu horário?)

144   Guia de Conversação Alemão Para Leigos

E aqui estão algumas respostas que pode ouvir:

> » **Wann passt es Ihnen?** *(van past es i-nen)* (A que horas é melhor para você?)

> » **Wie wäre es mit...?** *(vi ve-re es mit...)* (Que tal...?)

> » **Heute ist leider kein Termin mehr frei.** *(Hoi-te ist lai-der kain ter-min mer frai)* (Infelizmente, não há horário disponível para hoje.)

O diálogo a seguir mostra como marcar uma consulta com o médico:

Recepcionista: **Praxis Dr. Eggert.** *(pra-ksis doc-tor e-guert)* (Consultório do dr. Eggert.)

Anita: **Guten Tag, Anita Bauer. Ich möchte einen Termin für nächste Woche machen.** *(guten tagk, a-ni-ta bauer. icH moecH-te ai-nen ter-min fûûr necH-ste vo-cHe ma-cHen)* (Bom dia. Aqui é Anita Bauer. Eu gostaria de marcar uma consulta para a semana que vem.)

Recepcionista: **Wann passt es Ihnen?** *(van past es i-nen)* (Que horário é melhor para você?)

Anita: **Mittwoch wäre gut.** *(mit-vocH ve-re gut)* (Quarta-feira seria bom.)

Recepcionista: **Mittwoch ist leider kein Termin mehr frei. Wie wäre es mit Donnerstag?** *(mit-vocH ist lai-der kain ter-min mer frai. vi ve-re es mit doner-stagk)* (Infelizmente não há horário disponível para quarta-feira. Que tal quinta-feira?)

Anita: **Donnerstag ist auch gut. Geht fünfzehn Uhr?** *(doner-stagk ist aucH gut. get fûûnf-tsen ur)* (Quinta-feira também é bom. Pode ser às 15h?)

Recepcionista: **Kein Problem. Dann bis Donnerstag!** *(kain pro-blem. dan bis doner-stagk)* (Sem problemas. Até quinta.)

Anita: **Bis dann. Auf Wiederhören.** *(bis dan. auf vi-der-Hoe-ren)* (Até lá. Tchau.)

Enviando uma Carta, Fax ou E-Mail

Livros inteiros foram escritos sobre a arte de escrever cartas em alemão. Nesta seção só queremos lhe dar informações suficientes para que envie sua correspondência para onde ela precisa chegar.

Enviando uma carta ou cartão-postal

Com pessoas esperando na fila atrás de você, vale a pena estar preparado com algumas frases simples que podem fazer com que entre e saia dos correios, **das Postamt** (*das post-amt*), o mais rápido e livre de problemas possível. (E que coloquem sua carta, **der Brief** [*der brif*], cartão-postal, **die Postkarte** [*di post-kar-te*], ou pacote, **das Paket** [*das pa-ket*], no caminho certo.)

>> **Ich möchte gern Briefmarken kaufen.** (*icH moecH-te guer-n brif-mar-ken kau-fen*) (Eu gostaria de comprar selos.)

>> **Ich möchte diesen Brief per Eilzustellung/per Luftpost/per Einschreiben schicken.** (*icH moecH-te di-zen brif per ail-tsu-shte-lungk/per luft-post/per ain-shraiben shi-ken*) (Eu gostaria de enviar esta carta por entrega expressa/por correio aéreo/por carta registrada.)

>> **Ich möchte dieses Paket aufgeben.** (*icH moecH-te di-zes pa-ket auf-gue-ben*) (Eu gostaria de enviar este pacote.)

Dê uma olhada nesta conversa que uma mulher tem com **der Postbeamte** (*der post-be-am-te*) (o funcionário do correio):

Mulher: **Guten Tag. Ich möchte den Einschreibebrief hier aufgeben. Wann kommt der Brief in München an?** (*guten tagk. icH moecH-te den ain-shrai-be-brif Hier auf-gue-ben. van komt der brif in mûûn-cHen an*) (Bom dia. Eu gostaria de enviar esta carta registrada. Quando chegará a Munique?)

146   Guia de Conversação Alemão Para Leigos

Funcionário do correio: **Heute ist Dienstag — vielleicht am Donnerstag, aber ganz bestimmt am Freitag.** (Hoi-*te ist dins-tagk — fi-laicHt am doner-stagk, a-ber gants be-shtimt am frai-tagk*) (Hoje é terça — talvez na quinta, mas com certeza na sexta.)

Mulher: **Das ist zu spät. Kommt er übermorgen an, wenn ich ihn als Eilbrief schicke?** (*das ist tsu shpet. komt er ûûber-mór-guen an, ven icH in als ail-brif shi-ke*) (É tempo demais. Ela chega depois de amanhã se eu enviar como entrega expressa?)

Funcionário do correio: **Garantiert!** (*garan-tirt*) (Garantido.)

Mulher: **Gut, dann schicken Sie das Einschreiben bitte per Eilzustellung.** (*gut, dan shi-ken zi das ain-shrai-ben bi-te per ail-tsu-shte-lung*) (Bom, por favor, envie a carta registrada por entrega expressa.)

Palavras a Saber

der Absender	*der ap-zen-der*	remetente
der Briefkasten	*der brif-kastn*	caixa de correio
die Briefmarke	*di brif-mar-ke*	selo
die Briefmarken	*di brif-mar-ken*	selos
der Eilbrief	*der ail-brif*	entrega expressa
das Einschreiben	*das ain-shraiben*	carta registrada
der Empfänger	*der em-pfen-guer*	destinatário
die Luftpost	*di luft-post*	correio aéreo
das Paket	*das pa-ket*	pacote
das Porto	*das por-to*	postagem

Enviando um fax ou e-mail

Se precisar usar um aparelho de fax, **das Faxgerät** *(das faks-gue-rêt)*, aqui estão algumas frases úteis:

> » **Ich möchte etwas faxen.** *(icH moecH-te et-vass fak-sen)* (Eu gostaria de enviar algo por fax.)
>
> » **Ich schicke Ihnen ein Fax.** *(icH shi-ke i-nen ain faks)* (Vou enviar um fax para você.)

Também é importante conhecer algumas palavras ligadas a e-mails:

> » **der Computer** *(der com-pu-ter)* (computador)
>
> » **die E-mail** *(di i-mail)* (e-mail)
>
> » **die E-mail-Adresse** *(di i-mail a-dres-se)* (endereço de e-mail)
>
> » **das Internet** *(das in-ter-net)* (internet)
>
> » **Ich schicke eine E-mail.** *(icH shi-ke ai-ne i-mail)* (Estou enviando um e-mail.)

Passeando pelo Escritório

SABEDORIA CULTURAL

Alemães têm uma reputação de ser bem produtivos e eficientes, mas você pode se surpreender ao descobrir que, estatisticamente falando, não trabalham tanto quanto os brasileiros. Note que as pessoas nunca fazem hora extra, mas alguns negócios e agências estatais e governamentais, em particular, mantêm um expediente rígido, das 9h às 17h, e muitas empresas fecham mais cedo às sextas-feiras.

Quando você trabalha em um escritório em que a língua usada é o alemão, chamado de **das Büro** *(das bûû-ro)*, você ou atribuirá tarefas ou as receberá — **die Büroarbeit** *(di bûû-ro-ar-bait)* (trabalho de escritório).

Você precisa saber o básico, como o que são todos os objetos em sua mesa ou todos os materiais no almoxarifado. Depois que identificá-los, precisa saber como descrever o que fazer com eles. Hora do trabalho!

Dominando sua mesa e materiais

Normalmente você encontra, ou espera encontrar, os seguintes itens em sua mesa, que é chamada de **der Schreibtisch** *(der shraip-tish)*:

- **der Brief** *(der brif)* (carta)
- **der Computer** *(der com-piu-ter)* (computador)
- **das Faxgerät** *(das faks-gue-ret)* (aparelho de fax)
- **der Kopierer** *(der ko-pi-rer)* (copiadora)
- **die Schreibmaschine** *(di shraip-ma-shi-ne)* (máquina de escrever)
- **das Telefon** *(das te-le-fon)* (telefone)
- **die Unterlagen** *(di un-ter-laguen)* (documentos ou arquivos)

LEMBRE-SE

Não se esqueça da perguntar **Wo ist...?** *(vo ist)* (Onde está...?) se precisar pedir ajuda a alguém para encontrar algo no escritório.

Mais cedo ou mais tarde, você precisará de um dos seguintes itens:

- **der Bleistift** *(der blai-shtift)* (lápis)
- **der Briefbogen** *(der brif-bo-guen)* (papel timbrado)
- **der Kugelschreiber** *(der ku-guel-shrai-ber)* (caneta)
- **das Papier** *(das pa-pir)* (papel)
- **der Umschlag** *(der um-shlahgk)* (envelope)

Quando precisar de alguns desses materiais e não conseguir encontrá-los sozinho (seu audacioso!), pode pedir a um colega para ajudá-lo, dizendo:

>> **Haben Sie einen Kugelschreiber/einen Umschlag für mich?**
(Ha-ben zi ai-nen ku-guel-shrai-ber/ai-nen um-shlahgk fûûr micH) (Você poderia me dar uma caneta/envelope? Literalmente: você tem uma caneta/envelope para mim?)

>> **Können Sie mir sagen, wo ich Umschläge/Briefbögen/Papier finde?** *(koe-nen zi mir za-gueen, vo icH um-shle-guee/brif-boe-guen/pa-pir fin-de)* (Você poderia me dizer onde posso encontrar envelopes/papel timbrado/papel?)

Em outro lugar do escritório...

Assim como no Brasil, países de língua alemã têm uma cultura particular e jargões específicos do mundo corporativo. Aqui estão alguns termos comuns desse universo:

>> **anrufen** *(an-ru-fen)* (telefonar)

>> **die Besprechung** *(di be-shpre-cHung)* (reunião)

>> **der Chef/die Chefin** *(der shef/die she-fin)* (chefe)

>> **faxen** *(fak-sen)* (mandar um fax)

>> **diktieren** *(dik-ti-ren)* (ditar)

>> **der Direktor/die Direktorin** *(der di-rek-tor/di di-rek-to-rin)* (diretor/a)

>> **kopieren** *(ko-pi-ren)* (copiar)

>> **der Mitarbeiter/die Mitarbeiterin** *(der mit-ar-bai-ter/di mit-ar-bai-te-rin)* (colega/funcionário/a)

>> **schicken** *(shi-ken)* (enviar)

>> **die Sekretärin/der Sekretär** *(di ze-kre-te-rin/der ze-kre-ter)* (secretária/secretário)

>> **der Termin** *(der ter-min)* (hora marcada)

NESTE CAPÍTULO

» **Escolhendo o transporte**

» **Passando pela alfândega**

» **Pedindo informações**

» **Dirigindo por aí**

Capítulo **9**

Movimentando-se: Transportes

Neste capítulo você se movimentará em aviões, trens, carros e ônibus. Nós contamos o que precisa saber para lidar com agentes de viagens, oficiais alfandegários, equipes de locadoras de carros e funcionários de trens e ônibus. Também mostramos como pedir informações a um transeunte, e tudo isso enquanto mantém a cabeça fria, sorri e é educado.

Em Movimento: Tipos de Transporte

Suas habilidades linguísticas precisam ser suficientes quando quiser se movimentar. As seções a seguir apresentam algumas frases básicas para colocá-lo em movimento.

No aeroporto

A maior parte das equipes de linhas aéreas fala várias línguas, então eles normalmente o ajudam em português. Só para ter certeza de que sabe o que tem nas mãos, **das Flugticket/der Flugschein** (*das fluk-tiket/der flugk-shain*) é sua passagem aérea. Provavelmente é uma **Rückflugticket** (*rûûk-flugk-ti-ket*) (passagem de ida e volta). Quando fizer o check-in, o agente lhe entregará seu **die Bordkarte** (*di bord-kar-te*) (cartão de embarque).

Se precisar pegar sua passagem, pare um atendente e peça informações:

> » **Wo ist der... -Schalter?** *(vô ist der... -shal-ter)* (Onde fica o balcão...?)

> » **Ich möchte mein Ticket abholen.** *(icH moecH-te main ti-ket ap-Ho-len)* (Eu gostaria de pegar minha passagem.)

> » **Wann muss ich einchecken?** *(van mus icH ain-cHe-ken)* (Quando preciso fazer o check-in?)

> » **Wie viele Gepäckstücke kann ich mitnehmen?** *(vi fi-le gue-pék-stûû-ke kan icH mit-ne-men)* (Quantas malas posso levar comigo?)

Quando fizer o check-in, o atendente lhe fará algumas perguntas para prepará-lo para embarcar no avião:

> » **Haben Sie Gepäck?** *(Ha-ben zi gue-pék)* (Você tem bagagens?)

> » **Wo möchten Sie sitzen, am Fenster oder am Gang?** *(vo moecH-ten zi zitsen, am fens-ter o-der am gang)* (Onde gostaria de se sentar, na janela ou no corredor?)

Você também pode fazer as seguintes perguntas sobre detalhes do voo:

> » **Wie lange dauert der Flug?** *(vi lan-gue dau-ert der flugk)* (Quanto tempo dura o voo?)

152   Guia de Conversação Alemão Para Leigos

> **»** **Wann fliegt die Maschine ab?** *(van flikt di ma-shi-ne ap)* (Quando o avião decola?)

Se estiver no aeroporto para encontrar com alguém chegando em outro avião, pode perguntar:

Wann kommt die Maschine aus... an? *(van komt di ma–shi–ne ous... an)* (Quando o avião de... chega?)

Palavras a Saber

abfliegen	*ap-fie-guen*	partir (em um avião)
der Abflug	*der ap-flugk*	partida
abholen	*ap-Ho-len*	pegar
ankommen	*an-ko-men*	chegar
die Ankunft	*di an-kunft*	chegada
einchecken	*ain-tshe-ken*	fazer check-in
fliegen	*fli-guen*	voar
der Flug	*der flugk*	voo
der Flugsteig	*der flugk-shtaik*	portão
das Flugzeug/die Maschine	*das flugk-tsóig/di ma-shi-ne*	avião
das Gepäck/ Handgepäck	*das gue-pek/ Hand-gue-pek*	bagagem/baga-gem de mão
pünktlich	*pûûnkt-lich*	pontual
verspätet	*fer-shpe-tet*	atrasado

CAPÍTULO 9 **Movimentando-se: Transportes** 153

Na estação de trem

Toda estação exibe horários para todos os trens que passam por uma estação em particular. As expressões a seguir o orientam para desmistificar os horários dos trens:

- **die Abfahrt** *(di ap-fart)* (partida)
- **die Ankunft** *(di an-kunft)* (chegada)
- **der Fahrplan** *(der far-plan)* (cronograma)
- **sonnund feiertags** *(zon unt fai-er-tahks)* (domingos e feriados)
- **über** *(ûû-ber)* (via)
- **werktags** *(verk-taks)* (dias úteis)

Quando tiver perguntas sobre um trem que quer pegar, vá ao balcão de informações, **die Auskunft** *(di aus-kunft)*. Lá você fará algumas das perguntas a seguir:

- **Von welchem Gleis fährt der Zug nach... ab?** *(fon vel-cHem glais fert der tsug nacH... ap)* (De qual plataforma sai o trem para...?)
- **Auf welchem Gleis kommt der Zug aus... an?** *(auf vel-chem glais komt der tsug aus... an)* (Em qual plataforma chega o trem de...?)
- **Hat der Zug Verspätung?** *(Hat der tsug fer-shpe-tung)* (O trem está atrasado?)
- **Gibt es einen direkten Zug von... nach...?** *(gipt es ai-nen di-rek-ten tsug fon... nacH)* (Há uma linha direta de... para...?)

A resposta para a maioria dessas perguntas será sobre trens diretos — mas você pode ouvir que não há nenhum desses disponível:

Nein, Sie müssen in... umsteigen. *(nain, zi mûûs-sen in... um-shtai-guen)* (Não, você precisa trocar de trem em...)

Palavras a Saber

abfahren	*ap-fa-ren*	partir
ankommen	*an-ko-men*	chegar
aussteigen	*aus-shtai-gen*	sair
der Bahnsteig	*der ban-shtaik*	plataforma
einsteigen	*ain-shtai-guen*	entrar
fahren	*fa-ren*	ir
das Gleis	*das glais*	plataforma
umsteigen	*um-shtai-guen*	mudar (de trens, ônibus etc.)
die Verspätung	*di fer-shpe-tung*	atraso
die Zugverbindung	*di tsugk-fer-bin-dung*	conexão de trem
das Gepäck/ Handgepäck	*das gue-pek/ Hand-gue-pek*	bagagem/baga-gem de mão
pünktlich	*pûûnkt-lich*	pontual
verspätet	*fer-shpe-tet*	atrasado

Para comprar passagens é preciso ir à bilheteria, **der Fahrkartens-chalter** *(der far-kar-ten-shal-ter)*. Com a ajuda destas palavras, pode ir a qualquer lugar.

» **Eine Fahrkarte nach..., bitte.** *(ai-ne far-kar-te nach..., bi-te)* (Uma passagem de trem para..., por favor.)

» **Einfach oder hin und zurück?** *(ain-facH o-der Hin unt tsu-rûûk)* (Só de ida ou ida e volta?)

CAPÍTULO 9 **Movimentando-se: Transportes** 155

» **Was kostet eine Rückfahrkarte nach...?** *(vas kos-tet ai-ne rûûk-far-kar-te nacH...)* (Quanto custa uma passagem de ida e volta para...?)

» **Was kostet eine einfache Fahrt nach...?** *(vas kos-tet ai-ne ain-fa-cHe fart nacH...)* (Quanto custa uma passagem só de ida para...?)

» **Erster oder zweiter Klasse?** *(ers-ter o-der tsuai-ter klas-se?)* (Na primeira ou segunda classe?)

» **Ich möchte gern eine Platzkarte für den... von... nach...** *(icH moecH-te guern ai-ne plats-kar-te fûûr den... fon... nacH...)* (Eu gostaria de reservar um lugar no... [insira o nome ou número do trem aqui] de... para...)

Palavras a Saber

einfach	*ain-facH*	só de ida
die erste Klasse	*di ers-te klas-se*	primeira classe
die Fahrkarte	*di far-kar-te*	passagem de trem
hin und zurück	*Hin unt tsu-rûûk*	ida e volta
die Platzkarte	*di plats-kar-te*	lugar reservado
die zweite Klasse	*di tsai-te klas-se*	segunda classe

Pegando o ônibus

Se precisar de ajuda para encontrar o **Bus** *(bus)* (ônibus) certo, pode perguntar na **Fahrkartenschalter** *(far-karten-shal-ter)* (bilheteria), ou para qualquer motorista de ônibus **(der Busfahrer)** *(der bus-fa-rer)* qualquer uma das perguntas a seguir:

» **Welche Buslinie fährt ins Stadtzentrum?** *(vel-cHe bus-lin-ie fert ins shtat-tsen-trum)* (Qual linha de ônibus vai para o centro da cidade?)

156   Guia de Conversação Alemão Para Leigos

- **»** **Ist das die richtige Straßenbahn zum Stadion?** (*ist das di <u>ricH</u>-ti-gue <u>shtras</u>-sen-ban tsum <u>shta</u>-di-on*) (Este é o bonde certo para o estádio?)

- **»** **Muss ich umsteigen?** (*mus icH <u>um</u>-shtai-guen*) (Preciso mudar de ônibus?)

- **»** **Hält diese U-Bahn am Hauptbahnhof?** (*Helt <u>di</u>-ze u-ban am Haupt-ban-hof*) (Este metrô para na estação central?)

- **»** **Wie viele Haltestellen sind es bis zum Goetheplatz?** (*vi <u>fi</u>-le Hal-te-<u>shte</u>-len zint es bis tsum <u>goe</u>-te-plats*) (Quantas paradas até a Praça Goethe?)

- **»** **Entschuldigen Sie bitte, hält hier die Buslinie 9?** (*ent-<u>shul</u>-di-guen zi <u>bi</u>-te, Helt Hir di <u>bus</u>-lin-ie nóin*) (Com licença, por favor. O ônibus número 9 para aqui?)

Palavras a Saber

der Bus	*der bus*	ônibus
die Buslinie/ U-Bahnlinie	*di bus-lin-ie /u-ban-lin-ie*	linha de ônibus/ de metrô
der Fahrschein-automat	*der far-shain-au-to-mat*	máquina de venda de passagem
halten	*Halten*	parar
die Haltestelle	*di Hal-te-shte-le*	estação, parada
die S-Bahn	*di es-ban*	trem local
die Straßen-bahn	*di shtras-sen-ban*	bonde
das Taxi	*das tak-si*	táxi
der Taxistand	*der tak-si-shtant*	parada de táxi
die U-bahn	*di u-ban*	metrô
die U-Bahn-station	*di u-ban-shtats-ion*	estação de metrô

CAPÍTULO 9 **Movimentando-se: Transportes** 157

Pegando um táxi

Não é difícil pegar um táxi. É só ir até a **Taxistand** (_tak-si-shtant_) (parada de táxi) mais próxima e ir direto para o primeiro táxi da fila. Quando você entrar, o motorista do táxi (**Taxifahrer**) (_tak-si-fa-rer_) ligará o taxímetro, e você pagará o preço indicado nele quando chegar a seu destino.

Para perguntar sobre a parada de táxi mais próxima, diga o seguinte:

Wo ist der nächste Taxistand? (_vo ist der necH-ste tak-si-shtant_) (Onde fica a parada de táxi mais próxima?)

Depois que estiver no táxi, o motorista pode perguntar:

Wohin möchten Sie? (_vo-hin moecH-ten zi_) (Aonde gostaria de ir?)

Alugando um carro

Se decidiu alugar um carro, precisa ir até a **Autovermietung** (_ou-to-fer-mi-tung_) (locadora de veículos). Quando chegar lá, pode começar dizendo:

Ich möchte ein Auto mieten. (_icH moecH-te ain au-to mi-ten_) (Eu gostaria de alugar um carro.)

O atendente lhe fará perguntas sobre que tipo de carro quer dizendo algo como:

Was für ein Auto möchten Sie? (_vas fûûr ain au-to moecH-ten zi_) (De qual tipo de carro gostaria?)

O que você pode responder com qualquer uma das seguintes opções:

» **einen Automatikwagen** (_ai-nen au-to-ma-tik-va-guen_) (carro com transmissão automática)

» **einen Kombi** (_ai-nen kom-bi_) (uma perua)

» **einen Schaltwagen** (_ai-nen shalt-va-guen_) (carro com câmbio manual)

> » **ein zweitüriges/viertüriges Auto** *(ain tsuai-tûû-ri-gues/fir-tûû-ri-gues au-to)* (um carro de duas portas/quatro portas)

Também podem lhe perguntar:

> » **Für wie lange möchten Sie den Wagen mieten?** *(fûûr vi lan-gue moecH-ten zi den va-guen mi-ten)* (Por quanto tempo gostaria de alugar o carro?)

> » **Ab wann möchten Sie den Wagen mieten?** *(ap van moecH-ten zi den va-guen mi-ten)* (A partir de quando gostaria de alugar o carro?)

> » **Bis wann möchten Sie den Wagen mieten?** *(bis van moech-ten zi den va-guen mi-ten)* (Até quando gostaria de alugar o carro?)

> » **Wann/Wo möchten Sie den Wagen zurückgeben?** *(van/vo moecH-ten zi den va-guen tsu-rûûk-gue-ben)* (Quando/onde gostaria de devolver o carro?)

Para o que você pode responder:

> » **Ich brauche den Wagen für...** *(icH brau-cHe den va-guen fûûr...)* (Eu preciso do carro por...)

> » **Ich möchte den Wagen ab dem... mieten.** *(icH moecH-te den va-guen ap dem... mi-ten)* (Eu gostaria de alugar o carro a partir de...)

> » **Ich möchte den Wagen bis zum... mieten.** *(icH moecH-te den va-guen bis tsum... mi-ten)* (Eu gostaria de alugar o carro até...)

> » **Ich möchte den Wagen am... zurückgeben.** *(icH moecH-te den va-guen am... tsu-rûûk-gue-ben)* (Eu gostaria de devolver o carro no...)

> » **Ich möchte den Wagen in... zurückgeben.** *(icH moecH-te den va-guen in... tsu-rûûk-gue-ben)* (Eu gostaria de devolver o carro em...)

CAPÍTULO 9 **Movimentando-se: Transportes** 159

Durante o processo de aluguel, você ouvirá as seguintes palavras:

» **der Führerschein** *(der fûû-rer-shain)* (carteira de motorista)

» **inbegriffen** *(in-be-grifen)* (incluso)

» **ohne Kilometerbegrenzung** *(o-ne ki-lô-me-ter-be-gren-tsung)* (milhagem ilimitada)

» **die Vollkaskoversicherung** *(di fol-kas-ko-fer-zi-cHe-rung)* (seguro completo)

Lidando com Passaportes, Vistos e Alfândega

Embora o mundo esteja ficando menor por meio de telecomunicações e viagens virtuais, você ainda precisa da papelada para ir aos lugares. Esta seção guia você por esse universo de passaporte, visto e alfândega em alemão.

Seu passaporte e visto

Antes de viajar, certifique-se de que seu passaporte é válido para toda a estadia. Se você se esquecer de cuidar dessa tarefa importante, ouvirá o seguinte quando mostrar seu passaporte na fronteira:

Ihr Pass ist abgelaufen! *(ir pas ist ap-gue-lau-fen)* (Seu passaporte está vencido!)

Ao notar que está sem seu passaporte, vá direto ao consulado brasileiro, **das Brasilianiche Konsulat** *(das bra-zi-lia-ni-she kon-zu-lat)*, reportar o fato:

Ich habe meinen Pass verloren. *(icH Ha-be mai-nen pas fer-lo-ren)* (Perdi meu passaporte.)

Não se esqueça de verificar se precisa de um visto ou não. Se sim, as frases a seguir serão úteis:

» **Braucht man ein Visum für Reisen nach...?** *(braucHt man ain vi-zum fûûr rai-zen nacH...)* (É preciso ter um visto para viajar para...?)

» **Wie lange ist das Visum gültig?** *(vi lan-gue ist das vi-zum gûûl-tig)* (Por quanto tempo o visto é válido?)

» **Wer stellt das Visum aus?** *(ver shtelt das vi-zum aus)* (Quem emite o visto?)

» **Ich möchte ein Visum beantragen.** *(icH moech-te ain vi-zum be-an-tra-guen)* (Eu gostaria de solicitar um visto.)

Palavras a Saber

ablaufen	*ap-lau-fen*	vencer
beantragen	*be-an-tra-guen*	solicitar
die Botschaft	*di bot-shaft*	embaixada
gültig/ ungültig	*gûûl-tig/ un-gûûl-tig*	válido/ inválido
das Konsulat	*das kon-zu-lat*	consulado
der Reisepass	*der rai-ze-pas*	passaporte
verlängern	*fer-lengu-ern*	renovar
das Visum	*das vi-zum*	visto

Passando pela imigração

Quando sai de um voo transatlântico, você normalmente é guiado diretamente para o controle de passaportes, **die Passkontrolle** *(di*

CAPÍTULO 9 **Movimentando-se: Transportes** 161

pas-kon-tro-le). Na maioria das vezes, pode escolher entre duas filas: uma é para **EU-Bürger** *(e-u-bûûr-guer)* (cidadãos de países da União Europeia), e a outra é para **Nicht-EU-Bürger** *(nicHt-e-u-bûûr-guer)* (cidadãos de países fora da União Europeia).

Estas são as palavras que usará ao passar pelo controle de passaportes:

> » **der Reisepass/der Pass** *(der rai-ze-pas/der pas)* (passaporte)
>
> » **EU-Bürger** *(e-u-bûûr-guer)* (cidadão de um país da União Europeia)
>
> » **Nicht-EU-Bürger** *(nicHt-e-u-bûûr-guer)* (cidadão de um país fora da União Europeia)
>
> » **Ich bin im Urlaub hier.** *(icH bin im ur-laup hir)* (Estou aqui de férias.)
>
> » **Ich bin geschäftlich hier.** *(icH bin gue-sheft-licH hir)* (Estou aqui a trabalho.)
>
> » **Ich bin auf der Durchreise nach...** *(icH bin auf der durcH-rai-ze nacH...)* (Estou a caminho de...)

Passando pela alfândega

Depois de passar pelo controle de passaportes, você pega sua bagagem e vai para a alfândega, **der Zoll** *(der tsol)*. Geralmente você escolhe a fila para pessoas que precisam declarar bens — **anmeldepflichtige Waren** *(an-mel-de-pflicH-ti-gue va-ren)* — ou a fila sem declaração. Esses bens são chamados de **anmeldefreie Waren** *(an-mel-de-frai-e va-ren)*. Aqui estão algumas perguntas que um oficial alfandegário pode lhe fazer:

Haben Sie etwas zu verzollen? *(Ha-ben zi et-vas tsu fer-tso-len)* (Você tem algo a declarar?)

Haben Sie etwas anzumelden? *(Ha-ben zi et-vas an-tsu-mel-den)* (Você tem algo a declarar?)

Bitte öffnen Sie diesen Koffer/diese Tasche. *(bi-te oef-nen zi di-zen ko-fer/di-ze ta-she)* (Por favor, abra esta mala/bolsa.)

162   Guia de Conversação Alemão Para Leigos

Para essas perguntas, você pode responder o seguinte:

> **Ich möchte... anmelden.** *(icH <u>moecH</u>-te... <u>an</u>-mel-den)* (Eu gostaria de declarar...)

> **Ich habe nichts zu verzollen.** *(icH <u>Ha</u>-be nicHts tsu fer-<u>tso</u>-len)* (Não tenho nada a declarar.)

> **Es ist für meinen persönlichen Gebrauch.** *(es ist fûûr <u>mai</u>-nen per-<u>soen</u>-licHen gue-<u>braucH</u>)* (É de uso pessoal.)

> **Es ist ein Geschenk.** *(es ist ain gue-<u>shenk</u>)* (É um presente.)

Pedindo Ajuda com Direções

Pedir informações em alemão é fácil. O segredo para encontrar um lugar é a palavra **wo** *(vo)* (onde). A pergunta que fará começa com:

Wo ist...? *(vo ist...)* (Onde fica...?)

No final da frase, apenas acrescente o nome do local que está procurando, que pode incluir qualquer um dos seguintes:

> **die U-Bahnhaltestelle** *(di <u>u</u>-ban-<u>Hal</u>-te-shte-le)* (estação de metrô)

> **der Bahnhof** *(der <u>ban</u>-Hof)* (estação de trem)

> **die Bank** *(di bank)* (banco)

> **die Bushaltestelle** *(di <u>bus</u>-Hal-te-shte-le)* (ponto de ônibus)

> **der Flughafen** *(der <u>flugk</u>-Ha-fen)* (aeroporto)

> **der Hafen** *(der <u>Ha</u>-fen)* (porto)

> **das Hotel** *(das Hoh-<u>tel</u>)* (hotel)

> **die Kirche** *(di <u>kir</u>-cHe)* (igreja)

> **der Markt** *(der markt)* (mercado)

CAPÍTULO 9 **Movimentando-se: Transportes** 163

> » **das Museum** *(das mu-ze-um)* (museu)

> » **der Park** *(der park)* (parque)

> » **die Post** *(di post)* (correios)

> » **der Taxistand** *(der tak-si-shtant)* (parada de táxi)

> » **das Theater** *(das te-a-ter)* (teatro)

Se quiser o local mais próximo, apenas insira **nächste** *(necH-ste)* (mais próximo) depois do artigo do local que procura. Confira alguns exemplos de **nächste**:

> » **Wo ist der nächste Park?** *(vo ist der necH-ste park)* (Onde fica o parque mais próximo?)

> » **Wo ist die nächste Bushaltestelle?** *(vo ist di necH-ste bus-Hal-te-shte-le)* (Onde fica o ponto de ônibus mais próximo?)

> » **Wo ist das nächste Hotel?** *(vo ist das necH-ste Ho-tel)* (Onde fica o hotel mais próximo?)

Você tem outras opções para descobrir se algo está ou não nas vizinhanças, e as palavras-chave a saber são **nah** *(na)* (perto, próximo)/ **Nähe** *(ne-e)* (vizinhança) e **weit** *(vait)* (longe).

Ist... weit entfernt? *(ist... vait ent-fernt)* (O/A... é longe?)

Ist... in der Nähe? *(ist... in der ne-e)* (O/A... fica na vizinhança?)

Indo para Lá e para Cá

As palavras **hier** *(Hir)* (aqui) e **dort** *(dort)* (lá) normalmente têm um papel importante na comunicação de direções. Elas as deixam um pouco mais específicas. Observe as seguintes amostras de frases para ver como **hier** e **dort** funcionam com direções:

> » **Das Museum ist nicht weit von hier.** *(das mu-ze-um ist nicHt vait fon Hir)* (O museu não fica longe daqui.)
>
> » **Der Park ist nicht weit von dort.** *(der park ist nicHt vait fon dort)* (O museu não fica longe de lá.)

LEMBRE-SE

Uma expressão comum que pode ouvir é:

Das ist gleich hier vorne/dort drüben. *(das ist glaicH Hir for-ne/dort drûû-ben)* (É aqui mesmo/logo ali.)

Embora "aqui mesmo" e "logo ali" sejam as combinações mais comuns, você também pode ouvir:

Das ist gleich hier drüben. *(das ist glaicH Hir drûû-ben)* (É bem aqui.)

As expressões **dort drüben** e **hier drüben** são praticamente intercambiáveis.

Perguntando "Como Chego Lá?"

Quando quiser perguntar "Como chego lá?", use o verbo **kommen** *(ko-men)*, que significa "vir" e, quando usado com uma preposição, "chegar a". (Veja o Capítulo 4 para a conjugação de **kommen**.)

A forma básica da pergunta "Como chego lá?" é:

Wie komme ich...? *(vi ko-me icH...)* (Como eu chego...?)

Para terminar a frase, você precisa usar uma preposição — para ajudá-lo a dizer "*na* estação de trem" ou "*no* hotel". Em alemão, você precisa usar uma dentre várias preposições, e todas podem significar "em". As preposições mais comuns são as seguintes:

CAPÍTULO 9 **Movimentando-se: Transportes** 165

>> **in** *(in)*

>> **nach** *(nacH)*

>> **zu** *(tsu)*

Descrevendo uma Posição ou Localização

Depois de pedir informações, você deve ser capaz de entender as possíveis respostas. O alemão usa várias preposições para descrever localizações, e todas ficam no caso dativo nesse contexto, assim como **zu** na seção anterior.

A Tabela 9–1 mostra algumas preposições comuns usadas para expressar a localização de uma coisa em relação à outra.

TABELA 9–1   **Preposições que Expressam Localizações**

Preposição	Pronúncia	Significado	Exemplo
auf	*auf*	no/na	auf der Museums-straße *(ouf der mu-ze-ums-shtras-se)* na Rua Museum
bei	*bai*	próximo/ perto de	beim Bahnhof *(baim ban-Hof)* perto da estação de trem
hinter	*Hin-ter*	atrás	hinter der Kirche *(Hin-ter der kir-cHe)* atrás da igreja
vor	*for*	em frente a	vor der Post *(for der post)* em frente aos correios
neben	*ne--ben*	ao lado de	neben der Bank *(ne-ben der bank)* ao lado do banco

Preposição	Pronúncia	Significado	Exemplo
zwischen	*tsui-shen*	entre	zwischen dem Theater und der Bank *(tsui-shen dem te-a-ter unt der bank)* entre o teatro e o banco
gegenüber	*gue-guen-ûû-ber*	oposto a	gegenüber dem Museum *(gue-guen-ûû-ber dem mu-ze-um)* oposto ao museu
an	*an*	na	an der Ecke *(an der e-ke)* na esquina

Aqui estão algumas dessas preposições em ação:

» **Entschuldigen Sie bitte, wo ist der nächste Taxistand?** (*ent-shul-di-guen zi bi-te, vo ist der necH-ste tak-si-shtant)* (Com licença, onde fica o ponto de táxi mais próximo?)

» **Sehen Sie die Kirche an der Ecke? Neben der Kirche ist ein Park und direkt gegenüber ist der Taxistand.** (*ze-en zi di kir-cHe an der e-ke)? ne-ben der kir-cHe ist ein park unt di-rekt gue-guen-ûû-ber ist der tak-si-shtant)* (Você vê a igreja na esquina? Ao lado dela há um parque, e na direção oposta, o ponto de táxi.)

Indo para a Direita, Esquerda, Norte, Sul, Leste e Oeste

Ao pedir ou dar informações em alemão, não há como se livrar das palavras-chave que indicam posição: esquerda e direita.

» **links** *(links)* (esquerda)

» **rechts** *(recHts)* (direita)

CAPÍTULO 9 **Movimentando-se: Transportes** 167

Para dizer que algo está localizado à esquerda ou direita de outra coisa, você adiciona a preposição **von** *(fon)* (de), formando o seguinte:

» **links von** *(links fon)* (à esquerda de): Por exemplo: **Das Museum ist links von der Kirche.** *(das mu-ze-um ist links fon der kir-cHe)* (O museu fica à esquerda da igreja.)

» **rechts von** *(recHts fon)* (à direita de): Por exemplo: **Die Kirche ist rechts vom Theater.** *(di kir-cHe ist recHts fom te-a-ter)* (A igreja fica à direita do teatro.)

Você também ouve a palavra **die Seite** *(di zai-te)* (lado) ao falar de direções. Por exemplo:

» **Das Museum ist auf der linken Seite**. *(das mu-ze-um ist auf der ling-ken zai-te)* (O museu fica do lado esquerdo.)

» **Die Kirche ist auf der rechten Seite**. *(di kir-cHe ist auf der recH-ten zai-te)* (A igreja fica do lado direito.)

Os pontos cardeais também são úteis quando você precisa definir sua posição (ou a de alguma coisa):

» **der Norden** *(der nor-den)* (Norte)

» **der Süden** *(der zûû-den)* (Sul)

» **der Osten** *(der os-ten)* (Leste)

» **der Westen** *(der ves-ten)* (Oeste)

Para descrever uma posição, você os combina com a preposição **im** (*im*). Por exemplo:

Der Hafen liegt im Norden (*der Ha-fen ligkt im nor-den*)/**Süden** (*zuu-den*)/**Osten** (*os-ten*)/Westen (*ves-ten*). (O porto fica ao Norte/Sul/Leste/Oeste.)

Movimentando-se

Se pediu informações a alguém, pode descobrir que é preciso pegar uma rua específica — a segunda à esquerda ou a primeira à direita, por exemplo.

Os verbos com os quais precisa se familiarizar neste contexto são **gehen** (*gue-en*) (ir) e **nehmen** (*ne-men*) (pegar). Para dar informações, você usa o imperativo. O verbo fica no início da frase. Por exemplo:

» **Nehmen Sie die zweite Straße links!** (*ne-men zi di tsuai-te shtras-se links*) (Pegue a segunda rua à esquerda.)

» **Gehen Sie die erste Straße rechts!** (*gue-en zi di ers-te shtras-se recHts*) (Pegue a primeira rua à direita.)

Se estiver procurando por um prédio específico, pode ouvir algo como:

Es ist das dritte Haus auf der linken Seite. (*es ist das dri-te Haus auf der ling-ken zai-te*) (É a terceira casa do lado esquerdo.)

E se não tiver que virar à esquerda ou direita, mas simplesmente seguir reto, pode ouvir a instrução:

Gehen Sie geradeaus! (*gue-en zi gra-de-aus*) (Siga reto!)

Dirigindo em Alemão

Em português não faz muita diferença ir de carro ou a pé. Infelizmente, o verbo **gehen** *(gue-en)* (ir) não é tão flexível. Você pode ir a pé — **zu Fuß gehen** *(tsu fus gue-en)* —, mas se pegar o carro, está dirigindo — **fahren** *(fa-ren)* —, não indo.

Ao usar **fahren** em uma frase, você precisa de três coisas:

> » A palavra para o tipo de veículo que está usando.
>
> » A preposição **mit** *(mit)* (com).
>
> » A versão dativa do artigo do veículo.

Aqui estão alguns exemplos de como usar o verbo **fahren** em uma frase para dizer que está pegando um meio de transporte específico:

Ich fahre mit dem Auto. *(icH fa-re mit dem au-to)* (Estou indo de carro. *Literalmente:* Estou dirigindo com o carro.)

Para dizer para alguém fazer uma curva à esquerda ou direita, você pode usar sua velha amiga **fahren**. Diga:

Fahren Sie links/rechts! *(fa-ren zi links/recHts)* (Vá para a esquerda/direita. *Literalmente:* Dirija à esquerda/direita.)

Você também pode usar o verbo **abbiegen** *(ap-biguen)* (fazer uma curva) para instruir alguém a fazer uma curva à esquerda ou direita.

Biegen Sie links/rechts ab! *(bi-guen zi links/recHts ap)* (Faça uma curva à esquerda/direita!)

DICA

Se você se perdeu no caminho, memorize esta expressão:

Ich habe mich verfahren. Ich suche... *(icH Ha-be micH fer-fa-ren. ich zu-cHe...)* (Eu me perdi. Estou procurando...)

Quando estiver dirigindo sozinho, é muito útil saber ler um mapa. Aqui estão alguns dos mapas que você pode querer:

» **die Landkarte** *(di lant-kar-te)* (mapa)

» **der Stadtplan** *(der shtat-plan)* (mapa de uma cidade)

» **die Straßenkarte** *(di shtras-sen-kar-te)* (mapa rodoviário)

Em um mapa escrito em alemão, você pode ver as seguintes palavras:

» **die Altstadt** *(di alt-shtat)* (cidade velha)

» **die Auffahrt** *(di auf-fart)* (rampa de entrada)

» **die Ausfahrt** *(di aus-fart)* (rampa de saída)

» **die Autobahn** *(di au-to-ban)* (rodovia)

» **das Autobahndreieck** *(das au-to-ban-drai-ek)* (junção de três rodovias)

» **das Autobahnkreuz** *(das ow-to-ban-króits)* (junção de duas rodovias)

» **die Fußgängerzone** *(di fus-guen-guer-tsoh-ne)* (zona de pedestres)

» **die Kirche** *(di kir-cHe)* (igreja)

» **der Parkplatz** *(der park-plats)* (estacionamento)

Aqui estão algumas das placas mais comuns que você encontra em países de língua alemã:

» **50 bei Nebel** *(fûûnf-tsigk bai ne-bel)* (50km/h com neblina)

» **Anlieger frei** *(an-li-guer frai)* (somente acesso; sem saída)

» **Baustelle** *(bau-shte-le)* (canteiro de obras)

CAPÍTULO 9 **Movimentando-se: Transportes** 171

- » **Einbahnstraße** *(ain-ban-shtras-se)* (mão única)

- » **Einordnen** *(ain-ord-nen)* (junção)

- » **Gesperrt** *(gue-shpert)* (fechado)

- » **Licht an/aus** *(licHt an/aus)* (Faróis ligados/desligados)

- » **Umleitung** *(um-lai-tung)* (desvio)

- » **Vorsicht Glätte** *(for-zicHt gle-te)* (escorregadio quando molhado)

> **NESTE CAPÍTULO**
>
> » Encontrando um hotel
>
> » Fazendo reservas
>
> » Fazendo check-in: contatos e números de quarto
>
> » Fazendo check-out e pagando a conta

Capítulo **10**

Um Lugar para Deitar Sua Cabeça Cansada

Esteja você trabalhando em um escritório, fazendo compras ou viajando, no final do dia precisa de um lugar para descansar sua cabeça. Este capítulo lhe mostra as frases de que precisa para encontrar um hotel.

Procurando um Hotel

A palavra para hotel em alemão é **das Hotel** (*das Ho-tel*). Você encontra uma grande variedade de hotéis em países de língua alemã, que oferecem atmosferas e níveis de serviços diferentes. Em áreas rurais e cidades menores, os hotéis normalmente têm nomes um pouco diferentes. Por exemplo, os seguintes tipos de hotéis são comuns:

» **die Ferienwohnung** *(di fe-ri-en-vo-nung)* (Um "flat", um apartamento mobiliado em resorts de férias.)

» **das Gasthaus/der Gasthof** *(das gast-Haus/der gast-Hof)* (Uma pousada que fornece comida e bebida e, muitas vezes, hospedagem.)

» **das Hotel garni** *(das Ho-tel gar-ni)* (Um hotel que só serve café da manhã.)

» **die Jugendherberge** *(di iu-guent-Her-ber-gue)* (Um albergue da juventude; na Áustria, Alemanha e Suíça, eles são bem confortáveis e, às vezes, muito chiques.)

» **die Pension** *(di pen-zion)* ou **das Fremdenzimmer** *(das frem-den-tsi-mer)* (Uma pensão que oferece pensão completa — café da manhã, almoço e jantar — ou meia pensão — café da manhã, almoço ou jantar. As refeições normalmente são servidas apenas para os hóspedes.)

» **der Rasthof/das Motel** *(der rast-Hof/das mo-tel)* (Uma hospedagem de beira de estrada, ou motel, localizada fora da via expressa.)

Reservando Quartos

As reservas de quartos de hotel normalmente são feitas por telefone, então você pode ler o Capítulo 8 antes de ligar. Quando o hotel atende sua ligação, você diz o seguinte:

Ich möchte gern ein Zimmer reservieren. *(icH moecH-te guern ain tsi-mer re-zer-vi-ren)* (Gostaria de reservar um quarto.)

O atendente do hotel perguntará:

Von wann bis wann möchten Sie ein Zimmer reservieren? *(fon van bis van moecH-ten zi ain tsi-mer re-zer-vi-ren)* (Para quais datas você gostaria de reservar um quarto?)

Para especificar quantas noites quer ficar ou para quais datas fará a reserva, você poderia dizer qualquer uma das seguintes opções:

» **Ich möchte gern ein Zimmer für... Nächte reservieren.** *(icH moecH-te guern ain tsi-mer fûûr... nech-te re-zer-vi-ren)* (Eu gostaria de reservar um quarto por... noites.)

» **Ich möchte gern ein Zimmer vom 11. 3. bis zum 15. 3. reservieren.** *(icH moecH-te guern ain tsi-mer fom elf-ten dri-ten bis tsum fûûnf-tsen-ten dri-ten re-zer-vi-ren)* (Eu gostaria de reservar um quarto do dia 11 ao dia 15 de março.)

A pessoa fazendo sua reserva certamente perguntará que tipo de quarto deseja:

Was für ein Zimmer möchten Sie gern? *(vas fûûr ain tsi-mer moecH-ten zi guern)* (De qual tipo de quarto gostaria?)

Você pode tomar a iniciativa e declarar qual tipo de quarto deseja com a frase:

Ich hätte gern... *(icH He-te guern...)* (Eu gostaria...)

No final da frase, complete com qualquer uma das opções (ou combinação delas):

» **ein Doppelzimmer** *(ain dopel-tsi-mer)* (um quarto duplo)

» **ein Einzelzimmer** *(ain ain-tsel-tsi-mer)* (um quarto individual)

» **ein Zimmer mit...** *(ain tsi-mer mit...)* (um quarto com...)

  • **Bad** *(bat)* (banheira)

  • **Dusche** *(du-she)* (chuveiro)

CAPÍTULO 10 **Um Lugar para Deitar Sua Cabeça Cansada** 175

- **einem Doppelbett** *(ai-nem dopel-bet)* (uma cama de casal)

- **zwei Einzelbetten** *(tsuai ain-tsel-be-ten)* (duas camas de solteiro)

Você também quer descobrir quanto custam os quartos do hotel. Há algumas maneiras de fazer a pergunta, dependendo se quer saber o preço básico ou com recursos inclusos:

» **Was kostet das Zimmer pro Nacht?** *(vas kos-tet das tsi-mer pro nacHt)* (Quanto custa o quarto por noite?)

» **Was kostet eine Übernachtung mit Frühstück?** *(vas kos-tet ai-ne ûû-ber-nacH-tungk mit frûû-shtûûk)* (Quanto custa a acomodação com café da manhã incluso?)

» **Was kostet ein Zimmer mit Vollpension?** *(vas kos-tet ain tsi-mer mit fol-pen-zion)* (Quanto custa um quarto com pensão completa?)

» **Was kostet ein Zimmer mit Halbpension?** *(vas kos-tet ain tsi-mer mit halp-pen-zion)* (Quanto custa um quarto com meia pensão?)

Se o quarto estiver disponível, e você, feliz com o preço, feche negócio dizendo:

Können Sie das Zimmer bitte reservieren? *(koe-nen zi das tsi-mer bi-te re-zer-vi-ren)* (Você poderia, por favor, reservar esse quarto?)

Fazendo Check-in: Nomes, Endereços e Números de Quartos

Depois de chegar ao hotel, você precisa fazer o check-in na **Rezeption** *(re-tsep-tsion)* (recepção). Para que o recepcionista saiba que fez reservas, diga:

Ich habe ein Zimmer reserviert. *(icH Ha-be ain tsi-mer re-zer-virt)* (Reservei um quarto.)

176   Guia de Conversação Alemão Para Leigos

É claro, você também pode dizer seu nome ao recepcionista:

Mein Name ist... *(main na-me ist...)* (Meu nome é...)

Por quanto tempo vai ficar?

Se não fez uma reserva, ou se o recepcionista quiser conferir a duração de sua estada, você ouvirá a pergunta:

Wie lange bleiben Sie? *(vi lan-gue blai-ben zi)* (Por quanto tempo vai ficar?)

A pergunta sobre a duração da estada é respondida com a frase:

Ich bleibe.../Wir bleiben... *(icH blai-be.../vir blai-ben...)* (Vou ficar.../Vamos ficar...)

Então termine a frase com qualquer um dos períodos de tempo apropriados:

» **... nur eine Nacht.** *(... nur ai-ne nacHt)* (... apenas uma noite.)

» **... drei Tage.** *(... drai ta-gue)* (... três dias.)

» **... eine Woche.** *(... ai-ne vo-cHe)* (... uma semana.)

Preenchendo o formulário de registro

Em alguns hotéis, você pode ter que preencher um formulário, **das Formular** *(das for-mu-lar)*, na recepção como parte do processo de registro. O recepcionista lhe entregará o formulário, dizendo:

Bitte füllen Sie dieses Formular aus. *(bi-te fûû-len zi di-zes for-mu-lar aus)* (Por favor, preencha este formulário.)

O formulário pede as seguintes informações (normalmente nesta ordem):

» **Name/Vorname** *(na-me/for-na-me)* (Sobrenome/Nome)

» **Straße/Nummer (Nr.)** *(shtras-se/nu-mer)* (Rua/Número)

CAPÍTULO 10 **Um Lugar para Deitar Sua Cabeça Cansada** 177

- » **Postleitzahl/Wohnort** *(post-lait-tsal/von-ort)* (CEP/Cidade)
- » **Geburtsdatum/Geburtsort** *(gue-burts-da-tum/gue-burts-ort)* (Data de nascimento/Local de nascimento)
- » **Nationalität** *(na-tsio-na-li-tet)* (Nacionalidade)
- » **Beruf** *(be-ruf)* (Ocupação)
- » **Passnummer** *(pass-nu-mer)* (Número do passaporte)
- » **Kraftfahrzeugkennzeichen** *(kraft-far-tsoigk-ken-tsai-cHen)* (Placa do automóvel)
- » **Ort/Datum** *(ort/da-tum)* (Local/Data)
- » **Unterschrift** *(un-ter-shrift)* (Assinatura)

Entendendo o jogo da chave

Depois do check-in, o recepcionista lhe dirá o número do quarto:

Sie haben Zimmer Nummer 203. *(zi Ha-ben tsi-mer nu-mer tsuai-hun-dert-drai)* (Seu quarto é o de número 203.)

O número do seu quarto costuma estar convenientemente escrito na chave, assim como na maioria dos hotéis brasileiros.

SABEDORIA CULTURAL

Em alguns hotéis, normalmente em cidades pequenas, você pode ter que deixar sua chave na recepção, em vez de levá-la consigo quando sair. Ao voltar para o hotel, pode usar qualquer uma das frases a seguir para pedir sua chave:

- » **Können Sie mir bitte den Schlüssel für Zimmer Nummer... geben?** *(koen-nen zi mir bi-te den shlûûs-sel fûûr tsi-mer nu-mer... gue-ben)* (Você poderia, por favor, me dar a chave para o quarto de número...?)
- » **Den Schlüssel für Zimmer... bitte.** *(den shlûûs-sel fûûr tsi-mer... bi-te)* (A chave para o quarto de número..., por favor.)

Perguntando sobre amenidades e instalações

Você também quer descobrir que tipos de serviços e instalações o hotel oferece. Por exemplo, seu quarto tem um telefone ou frigobar? O hotel tem serviço de lavanderia?

Seu quarto

Quando quiser perguntar sobre recursos específicos do quarto, diga:

Hat das Zimmer...? *(Hat das tsi-mer...)* (O quarto tem...?)

Termine a frase com qualquer um dos itens a seguir:

>> **... Kabelfernsehen?** *(... kaa-bel-fern-ze-en)* (... TV a cabo?)

>> **... eine Minibar?** *(... ai-ne mi-ni-bar)* (... frigobar?)

>> **... Satellitenfernsehen** *(... zate-li-ten-fern-ze-en)* (... TV via satélite?)

>> **... ein Telefon?** *(... ain te-le-fohn)* (... telefone?)

O hotel

O hotel pode oferecer vários serviços. Normalmente são resumidos em um panfleto ou menu que fica no quarto. Contudo, se não encontrar nenhuma dica por escrito sobre os serviços em seu quarto, você pode ligar para a recepção e perguntar:

Hat das Hotel...? *(Hat das Ho-tel...)* (O hotel tem...?)

Você pode perguntar sobre qualquer um dos serviços a seguir terminando a frase anterior com:

>> **... einen Faxdienst?** *(... ai-nen faks-dinst)* (... aparelho de fax?)

>> **... eine Hotelgarage?** *(... ai-ne Ho-tel-ga-ra-ge)* (... garagem?)

>> **... eine Klimaanlage?** *(... ai-ne kli-ma-an-la-gue)* (... ar-condicionado?)

>> **... einen Parkplatz?** *(... ai-nen park-plats)* (... estacionamento?)

CAPÍTULO 10 **Um Lugar para Deitar Sua Cabeça Cansada** 179

> » **... eine Sauna?** *(... ai-ne zau-na)* (... sauna?)

> » **... ein Schwimmbad?** *(... ain shuim-bat)* (... piscina?)

> » **... einen Wäschedienst?** *(... ai-nen ve-she-dinst)* (... serviço de lavanderia?)

E aqui estão as perguntas para que se informe sobre café da manhã e serviço de quarto:

> » **Wann wird das Frühstück serviert?** *(van virt das frûû-shtûûk zer-virt)* (A que horas o café da manhã é servido?)

> » **Gibt es Zimmerservice?** *(guipt es tsi-mer-ser-vis)* (Vocês têm serviço de quarto?)

Ser capaz de verificar se recebeu alguma ligação é importante e facilita sua estada em um hotel. A pergunta a se fazer é:

Hat jemand eine Nachricht für mich hinterlassen? *(Hat ie-mant ai-ne nacH-ricHt fûûr mich Hin-ter-las-sen)* (Alguém deixou uma mensagem para mim?)

Palavras a Saber

ausfüllen	*aus-fûû-len*	preencher
Bitte nicht stören!	*bi-te nicHt shtoe-ren*	Por favor, não perturbe!
bleiben	*blai-ben*	ficar
das Formular	*das for-mu-lar*	formulário
der Parkplatz	*der park-plats*	estacionamento
der Schlüssel	*der shlûûs-sel*	chave
Zimmerservice	*der tsi-mer-ser-vis*	serviço de quarto

Fazendo Check-out e Pagando a Conta

Depois que sua estada termina, você precisa se organizar para fazer o check-out e pagar sua conta.

A língua alemã não tem um equivalente exato para o termo "check-out". A expressão usada é **das Zimmer räumen** (*das tsi-mer ró-men*), traduzida literalmente como "sair do quarto". Se quiser perguntar a que horas precisa sair do quarto, faça assim:

> **Bis wann müssen wir das Zimmer räumen?** (*bis van mûûs-sen vir das tsi-mer rói-men*) (A que horas precisamos fazer check-out do quarto?)

Pedindo sua conta

Para que a recepção prepare sua conta, você pode dizer:

> **Kann ich bitte die Rechnung haben?** (*kan icH bi-te di recH-nungk Ha-ben*) (Posso pegar a conta, por favor?)

Partindo do hotel

Se tiver que fazer check-out do hotel muito antes do voo, você pode deixar sua bagagem por algumas horas com eles enquanto aproveita o final da viagem (a maioria dos hotéis permite que se faça isso):

> **Können wir unser/Kann ich mein Gepäck bis... Uhr hier lassen?** (*koe-nen vir un-zer/kan icH main gue-pek bis... ur Hir las-sen*) (Podemos deixar nossas/Posso deixar minha bagagem aqui até as... horas?)

Assim que retornar para pegar sua bagagem, pode dizer:

> **Können wir/Kann ich bitte unser/mein Gepäck haben?** (*koe-nen vir/kan icH bi-te un-zer/main gue-pek Hah-ben*) (Podemos pegar nossas/Posso pegar minha bagagem, por favor?)

CAPÍTULO 10 **Um Lugar para Deitar Sua Cabeça Cansada** 181

Pronto para ir ao aeroporto ou estação de trem? Se quiser que o recepcionista chame um táxi para você, pergunte:

Können Sie mir bitte ein Taxi bestellen? *(koen-nen zi mir bi-te ain tak-si be-shtel-len)* (Você pode pedir um táxi para mim?)

Palavras a Saber

abreisen	*ap-rai-zen*	deixar
das Gepäck	*das gue-pek*	bagagem
Gute Reise!	*gu-te rai-ze*	Boa viagem!
selbstverständlich	*zelpst-fer-shtént-lich*	É claro

NESTE CAPÍTULO

» Pedindo ajuda

» Indo ao médico ou hospital

» Falando com a polícia

Capítulo **11**

Lidando com Emergências

Espero que nunca precise usar o vocabulário e as informações deste capítulo, mas ele ainda é necessário para qualquer aluno de idiomas. Este capítulo o ajuda a lidar com todos os tipos de situações emergenciais, de ir ao médico até relatar um assalto.

Pedindo Ajuda em Acidentes

Memorizar as frases nesta seção o ajuda a manter a calma ao lidar com emergências.

Gritando por ajuda

As expressões a seguir são úteis se precisar chamar ajuda:

- **Feuer!** *(fói-er)* (Fogo!)
- **Holen Sie einen Arzt!** *(Ho-len zi ai-nen artst)* (Chame um médico!)
- **Hilfe!** *(Hil-fe)* (Ajuda!)
- **Rufen Sie die Polizei!** *(ru-fen zi di po-li-tsai)* (Chame a polícia!)
- **Rufen Sie einen Krankenwagen!** *(ru-fen zi ai-nen kranken-vaguen)* (Chame uma ambulância!)
- **Rufen Sie die Feuerwehr!** *(ru-fen zi di fói-er-vér)* (Chame os bombeiros!)

Relatando um problema

Se precisar relatar um acidente ou dizer a alguém que você ou outras pessoas estão machucadas, este vocabulário básico é útil:

- **Ich möchte einen Unfall melden.** *(icH moecH-te ai-nen un-fal melden)* (Quero relatar um acidente.)
- **Ich möchte einen Unfall auf der Autobahn melden.** *(icH moecH-te ai-nen un-fal auf der au-tt-ban melden)* (Quero relatar um acidente na rodovia.)
- **Ich bin verletzt.** *(icH bin fer-letst)* (Estou machucado.)
- **Es gibt Verletzte.** *(es guipt fer-lets-te)* (Há pessoas feridas.)

Tirando os acidentes, você precisa estar preparado para outras emergências, como assaltos ou furtos:

> » **Ich möchte einen Diebstahl/Raubüberfall melden.** *(icH moecH-te ai-nen dip-shtal/raup-ûû-ber-fal melden)* (Quero relatar um assalto/furto.)
>
> » **Haltet den Dieb!** *(Hal-tet den dip)* (Pega ladrão!)

Pedindo por ajuda em português

Se achar que não consegue obter a ajuda de que precisa em alemão, esta é a maneira de descobrir se há alguém por perto que fale português:

Spricht hier jemand Portugiesisch? *(shpricHt Hir ie-mant portu-gui-sish)* (Alguém aqui fala português?)

Palavras a Saber

Feuer!	fói-er	Fogo!
Hilfe!	Hil-fe	Ajuda!
Rufen Sie die Polizei!	ru-fen zi di po-li-tsai	Chame a polícia

Indo ao Médico ou Hospital

Se você estiver doente ou machucado e precisar ir ao médico ou hospital enquanto está em um país de língua alemã, precisa saber as palavras a seguir:

» **der Arzt/die Ärztin** *(der artst/di erts-tin)* (médico/a)

» **die Arztpraxis** *(di artst-pra-ksis)* (consultório médico)

» **der Doktor** *(der dók-tor)* (médico)

» **das Krankenhaus** *(das kranken-Haus)* (hospital)

» **die Krankenschwester** *(krang-ken-shués-ter)* (enfermeira)

» **die Notaufnahme** *(di not-auf-na-me)* (sala de emergência)

» **der Pfleger** *(pfle-guer)* (enfermeiro)

Se precisar de ajuda médica, use estas frases:

» **Ich brauche einen Arzt.** *(icH brau-cHe ai-nen artst)* (Preciso de um médico.)

» **Wo ist die nächste Arztpraxis/das nächste Krankenhaus?** *(vo ist di neecH-ste artst-pra-ksis/das necH-ste kranken-Haus)* (Onde fica o consultório médico mais próximo/o hospital mais próximo?)

Descrevendo o que o aflige

Dor de estômago? Febre? Torcicolo? Consumido pela náusea? Use as frases a seguir se quiser expressar que não está se sentindo bem e informar onde dói:

» **Ich fühle mich nicht wohl.** *(icH fûû-le micH nicHt vol)* (Não estou me sentindo bem.)

» **Ich bin krank.** *(icH bin krank)* (Estou doente.)

» **Ich habe Fieber.** *(icH H<u>a</u>-be f<u>i</u>-ber)* (Estou com febre.)

» **Mir tut der Hals/Bauch/Rücken weh.** *(mir tut der Halts/baucH/<u>rûû</u>-ken ve)* (Meu pescoço/estômago/costas doem.)

» **Ich habe Schmerzen im Arm/Bauch.** *(icH H<u>a</u>-be <u>shmer</u>-tsen im arm/baucH)* (Sinto dores no braço/estômago.)

» **Ich habe (starke) Bauchschmerzen/Kopfschmerzen/Zahnschmerzen.** *(icH H<u>a</u>-be <u>shtar</u>-ke <u>baucH</u>-shmer-tsen/<u>kopf</u>-shmer-tsen/<u>tsan</u>-shmer-tsen)* (Sinto dor de estômago/de cabeça/de dente [forte].)

» **Ich habe Halsschmerzen/Rückenschmerzen.** *(icH H<u>a</u>-be H<u>a</u>lts-shmer-tsen/<u>rûû</u>-ken-shmer-tsen)* (Estou com a garganta inflamada/dor nas costas.)

Anunciando quaisquer condições especiais

Uma parte importante de conseguir tratamento é contar ao médico se você é alérgico a alguma coisa ou se tem algum problema de saúde. Para isso, comece dizendo:

Ich bin... *(icH bin...)* (Eu sou/estou...)

E termine a frase com qualquer uma das seguintes opções:

» **allergisch gegen...** *(a-<u>ler</u>-guish <u>gue</u>-guen...)* (alérgico a...)

» **behindert** *(be-<u>Hin</u>-dert)* (deficiente físico)

» **Diabetiker** *(dia-<u>be</u>-ti-ker)* (diabético)

» **Epileptiker** *(e-pi-<u>lep</u>-ti-ker)* (epiléptico)

» **schwanger** *(<u>shuang</u>-er)* (grávida)

CAPÍTULO 11 **Lidando com Emergências** 187

Algumas condições específicas exigem que comece com:

Ich habe... *(icH Ha–be...)* (Eu tenho...)

Você pode terminar essa frase com qualquer uma das opções:

> » **ein Herzleiden** *(ain Herts-lai-den)* (uma doença cardíaca)
>
> » **zu Hoen/niedrigen Blutdruck** *(tsu Ho-en/ni-dri-guen blut-druk)* (pressão sanguínea alta/baixa)

Fazendo um exame

Enquanto espera na sala de exames, ouvirá alguma dessas perguntas:

> » **Was haben Sie für Beschwerden?** *(vas Ha-ben zi fûûr be-shuer-den)* (Quais são seus sintomas?)
>
> » **Haben Sie Schmerzen?** *(Ha-ben zi shmer-tsen)* (Você está com dores?)
>
> » **Wo tut es weh?** *(vo tut es ve)* (Onde dói?)
>
> » **Tut es hier weh?** *(tut es Hir ve)* (Aqui dói?)
>
> » **Wie lange fühlen Sie sich schon so?** *(vi lan-gue fûû-len zi zicH shon zo)* (Há quanto tempo está se sentindo assim?)
>
> » **Sind Sie gegen irgendetwas allergisch?** *(zint zi gue-guen ir-guent-et-vas a-ler-guish)* (Você é alérgico a alguma coisa?)

Seu médico pode lhe dar uma dessas instruções:

> » **Bitte streifen Sie den Ärmel hoch.** *(bi-te shtrai-fen zi den er-mel HocH)* (Por favor, arregace suas mangas.)
>
> » **Bitte machen Sie den Oberkörper frei.** *(bi-te ma-cHen zi den o-ber-koer-per frai)* (Por favor, tire sua camisa.)

>> **Bitte legen Sie sich hin.** *(bi-te le-guen zi zicH hin)* (Por favor, deite-se.)

>> **Machen Sie bitte den Mund auf.** *(ma-cHen zi bi-te den munt auf)* (Por favor, abra a boca.)

>> **Atmen Sie bitte tief durch.** *(at-men zi bi-te tif durcH)* (Por favor, respire fundo.)

>> **Husten Sie bitte.** *(Hus-ten zi bi-te)* (Por favor, tussa.)

Especificando as partes do corpo

À pergunta **Wo tut es weh?** *(vo tut es ve)* (Onde dói?), você responde com qualquer uma das seguintes opções:

>> **der Arm** *(der arm)* (braço)

>> **das Auge** *(das au-gue)* (olho)

>> **der Bauch** *(der baucH)* (barriga)

>> **das Bein** *(das bain)* (perna)

>> **die Brust** *(di brust)* (peito)

>> **der Daumen** *(der dau-men)* (polegar)

>> **der Finger** *(der fing-er)* (dedo)

>> **der Fuß** *(der fus)* (pé)

>> **der Fußknöchel** *(der fus-knoecHel)* (tornozelo)

>> **das Gesicht** *(das ge-zicht)* (rosto)

>> **das Haar** *(das Har)* (cabelo)

>> **der Hals** *(der Halts)* (pescoço)

>> **die Hand** *(di Hant)* (mão)

>> **das Herz** *(das Herts)* (coração)

CAPÍTULO 11 **Lidando com Emergências** 189

» **der Kiefer** *(der ki-fer)* (mandíbula)

» **das Knie** *(das kni)* (joelho)

» **der Kopf** *(der kopf)* (cabeça)

» **der Magen** *(der ma-guen)* (estômago)

» **die Lippe** *(di li-pe)* (lábio)

» **der Mund** *(der munt)* (boca)

» **der Muskel** *(der mus-kel)* (músculo)

» **die Nase** *(di na-ze)* (nariz)

» **das Ohr** *(das or)* (orelha)

» **der Rücken** *(der rûû-ken)* (costas)

» **die Schulter** *(di shul-ter)* (ombro)

» **der Zeh** *(der tse)* (dedo do pé)

» **die Zunge** *(di tsun-gue)* (língua)

Obtendo um diagnóstico

Agora é preciso entender o que o médico acha que há de errado com você. Familiarize-se com algumas destas frases muito úteis para que não fique sem entender nada:

» **Blinddarmentzündung/Lungenentzündung/Mandelentzündung** *(blint-darm-ent-tsûûn-dung/lunguen-ent-tsûûn-dung/man-del-ent-tsûûn-dung)* (apendicite/pneumonia/amidalite)

» **die Diagnose** *(di di-ag-no-ze)* (diagnóstico)

» **eine Entzündung** *(ai-ne ent-tûûn-dung)* (uma inflamação)

» **eine Erkältung** *(ai-ne er-kel-tung)* (resfriado)

» **eine Grippe** *(ai-ne gri-pe)* (gripe)

- » **Sie haben...** *(zi Ha-ben...)* (Você tem...)

- » **Wir müssen eine Röntgenaufnahme machen.** *(vir mûûs-sen ai-ne roent-guen-auf-na-me mac-Hen)* (Precisamos fazer um raio-X.)

- » **Sie müssen geröntgt werden.** *(zi mûûs-sen gue-roenguet ver-den)* (Você precisa tirar um raio-X.)

- » **Ichr Knöchel ist gebrochen/verstaucht/verrenkt.** *(ir knoe-cHel ist ge-brocHen/fer-shtaucHt/fer-renkt)* (Seu tornozelo está quebrado/torcido/deslocado.)

- » **Bleiben Sie die nächsten Tage im Bett!** *(blai-ben zi di necH-sten ta-gue im bet)* (Fique na cama nos próximos dias.)

Palavras a Saber

Ich bin krank.	*icH bin krank*	Estou doente.
Ich brauche einen Arzt.	*icH brau-cHe ai-nen artst*	Preciso de um médico.
Wo tut es weh?	*vo tut es ve*	Onde dói?
Haben Sie Schmerzen?	*Ha-ben zi shmer-tsen*	Você está com dor?

Obtendo tratamento

Depois que o médico lhe disser qual é o problema, falará o que fazer. O médico pode lhe fazer mais uma pergunta antes de decidir qual é o melhor tratamento:

Nehmen Sie noch andere Medikamente? *(ne-men zi nocH an-de-re me-di-ka-men-te)* (Você está tomando algum outro medicamento?)

O médico pode prescrever o seguinte:

> **Ich gebe Ichnen.../Ich verschreibe Ichnen...** *(icH gue-be i-nen.../icH fer-shrai-be i-nen...)* (Eu lhe darei.../Vou prescrever para você...)

> **Antibiotika** *(an-ti-bio-ti-ka)* (antibióticos)

> **das Medikament/die Medikamente** (pl) *(das me-di-ka-ment/di me-di-ka-men-te)* (medicação)

> **ein Schmerzmittel** *(ain shmerts-mitel)* (um analgésico)

> **Tabletten** *(ta-bleten)* (comprimidos)

O médico lhe dá uma receita, **das Rezept** *(das re-tsept)*, que você leva à farmácia, chamada **die Apotheke** *(di apo-te-ke)*, para pegar o que for necessário. O vocabulário a seguir o ajuda a entender como tomar sua medicação:

> **Bitte, nehmen Sie... Tabletten/Teelöffel...** *(bi-te ne-men zi... ta-bleten/te-loefel...)* (Por favor, tome... comprimidos/colheres de chá...)

> **dreimal am Tag/täglich** *(drai-mal am tagk/teg-lich)* (três vezes por dia/diariamente)

> **alle... Stunden** *(a-le... shtun-den)* (a cada... horas)

> **vor/nach dem Essen** *(for/nacH dem essen)* (antes/depois das refeições)

Finalmente, o médico pode querer vê-lo novamente, dizendo:

> **Kommen Sie in... Tagen/einer Woche wieder.** *(ko-men zi in... ta-guen/ai-ner vo-cHe vi-der)* (Volte em... dias/uma semana.)

> **Gute Besserung!** *(gu-te bes-se-rung)* (Melhoras!)

Falando com a Polícia

Se você se vir na infeliz situação de ter que relatar um roubo à polícia, use essas importantes expressões:

» **Wo ist die nächste Polizeiwache?** *(vo ist di necH-ste po-li-tsai-va-cHe)* (Onde fica a delegacia de polícia mais próxima?)

» **Ich möchte einen Diebstahl melden.** *(icH moecH-te ai-nen dip-shtal mel-den)* (Eu gostaria de relatar um roubo.)

Descrevendo o que foi roubado

Para descrever um roubo, comece dizendo:

Man hat mir... gestohlen. *(man Hat mir... gue-shto-len)* (Alguém roubou...)

Você pode terminar a frase inserindo qualquer um dos seguintes itens:

» **mein Auto** *(main au-to)* (meu carro)

» **meine Brieftasche/mein Portemonnaie** *(mai-ne brif-ta-she/main por-te-mo-ne)* (minha carteira)

» **mein Geld** *(main guelt)* (meu dinheiro)

» **meinen Pass** *(mai-nen pas)* (meu passaporte)

» **meine Tasche** *(mai-ne ta-she)* (minha bolsa)

Se quiser expressar que alguém invadiu sua casa ou escritório, use o verbo **einbrechen** *(ain-bre-cHen)* (invadir):

Man hat bei mir eingebrochen. *(man hat bai mir ain-gue-bro-cHen)* (Alguém invadiu minha sala.)

CAPÍTULO 11 **Lidando com Emergências** 193

No entanto, se estiver falando do seu carro, você usa um verbo similar, mas levemente diferente, **aufbrechen** *(auf-bre-cHen)*, que significa literalmente "quebrar":

Man hat mein Auto aufgebrochen. *(man Hat main au-to auf-gue-brocHen)* (Alguém invadiu meu carro.)

FALANDO DE GRAMÁTICA

O pronome indefinido **man** *(man)*, que significa alguém, ou seja, pessoas em geral, é útil — e nunca muda sua terminação! Por exemplo:

» **Man hat seine Tasche gestohlen.** *(man Hat zai-ne ta-she gue-shto-len)* (Alguém roubou a bolsa dele.)

» **Man hat ihre Tasche gestohlen.** *(man hat i-re ta-she gue-shto-len)* (Alguém roubou a bolsa dela.)

Respondendo a perguntas da polícia

Ser capaz de descrever pessoas é uma habilidade linguística importante, especialmente se estiver falando com a polícia. Em uma situação criminosa, a polícia pode lhe perguntar:

Können Sie die Person beschreiben? *(koe-nen zi di per-zon be-shraiben)* (Você consegue descrever essa pessoa?)

Sua resposta para essa pergunta pode começar com:

Die Person hatte... *(di per-zon Ha-te...)* (A pessoa tinha...)

Então termine a frase com qualquer uma das opções: (Você pode combinar traços dizendo "und" entre qualquer uma das expressões a seguir.)

» **einen Bart/keinen Bart** *(ai-nen bart/kai-nen bart)* (barba/sem barba)

» **blonde/schwarze/rote/graue Haare** *(blon-de/shuar-tse/ro-te/grau-e Ha-re)* (cabelo loiro/preto/vermelho/grisalho)

> » **eine Brille** (*ai-ne bri-le*) (óculos)

> » **eine Glatze** (*ai-ne gla-tse*) (careca)

Ou sua resposta pode começar com **Die Person war...** (*di per–zon var...*) (A pessoa era...) e terminar com qualquer uma das opções:

> » **groß/klein** (*gross/klain*) (alta/baixa)

> » **ungefähr... Meter... groß** (*un-gue-fer... me-ter... gross*) (aproximadamente... metros de altura)

> » **ungefähr... Jahre alt** (*un-gue-fer... ia-re alt*) (aproximadamente... anos)

A polícia pode lhe fazer as seguintes perguntas:

> » **Wann ist das passiert?** (*van ist das pa-sirt*) (Quando isso aconteceu?)

> » **Wo waren Sie in dem Moment?** (*vo va-ren zi in dem mo-ment*) (Onde você estava no momento?)

Protegendo seus direitos no exterior

Já bastou por um dia? Se não estiver a fim de conversar com as autoridades sozinho, aqui estão duas frases muito importantes:

> » **Ich brauche einen Anwalt.** (*icH brau-cHe ai-nen an-valt*) (Preciso de um advogado.)

> » **Ich möchte das Konsulat anrufen.** (*icH moecH-te das kon-zu-lat an-rufen*) (Eu gostaria de ligar para o consulado.)

CAPÍTULO 11 **Lidando com Emergências** 195

Capítulo **12**

Dez Expressões Alemãs Favoritas

Depois de ficar mais atento ao alemão, de repente você começa a ouvir pessoas usando essas expressões que parecem surgir a todo momento. Você pode até já ter escutado algumas delas, agora reserve um tempo para aprendê-las e usá-las casualmente.

Alles klar!

(a-les klar)

A tradução literal é: "Tudo limpo". As pessoas a utilizam para indicar que entenderam quando alguém explica alguma coisa para elas ou concordância quando alguém detalhou um plano. Nesse contexto, a expressão significa "Entendi!" ou "Tudo bem!".

Geht in Ordnung

(guet in <u>ord</u>-nung)

Você usa essa frase para indicar que cuidará de alguma coisa. Ela é traduzida como: "Eu cuido disso".

Kein Problem

(kain pro-<u>blem</u>)

Essa frase é traduzida literalmente como "sem problemas". Use-a para dizer a alguém que você cuidará de alguma coisa. Você também pode concordar em mudar de planos com essa frase.

Guten Appetit!

(guten a-pe-<u>tit</u>)

Essa frase significa literalmente "Bom apetite!". No entanto, ela certamente não é usada como comentário sobre o apetite bom ou ruim de alguém. Você diz isso para outras pessoas quando começa a comer ou quando vê alguém comendo, como em português.

Deine Sorgen möchte ich haben!

(<u>dai</u>-ne <u>zor</u>-guen <u>moecH</u>-te ich <u>Ha</u>-ben)

Essa frase pode ser traduzida como "Eu gostaria de entender o seu lado". As pessoas normalmente a usam de maneira afetuosa, quando uma situação parece terrível para alguém, mas nem tão horrível para outra pessoa.

Das darf doch wohl nicht wahr sein!

(das darf docH vol nicHt var zain)

Essa expressão é traduzida como "Isso não pode ser verdade!" e é transmitida com uma palavra em português: "Inacreditável!"

Mir reicht's!

(mir raicHt's)

Essa frase significa "Para mim basta!".

Wie schön!

(vi shoen)

A tradução literal dessa frase é "Que lindo!". Ela pode significar isso, mas às vezes as pessoas a utilizam com sarcasmo, então é uma maneira de transmitir aborrecimento ou frustração.

Genau

(gue-nau)

Essa frase significa "exatamente", e os falantes de alemão a utilizam para mostrar que concordam com o que alguém diz.

Stimmt's?

(shtimts)

Essa frase é traduzida como "Não é verdade?" ou "Você não concorda?". Use-a quando alguém quiser sua confirmação sobre algo que acabou de dizer. Você normalmente responde com **Stimmt!** *(stimt)*, significando "Concordo".

200   Guia de Conversação Alemão Para Leigos

Capítulo **13**

Dez Frases para Parecer um Nativo

Este capítulo fornece algumas expressões típicas alemãs que quase todo mundo que fala alemão conhece e usa. Essas frases são tão alemãs, que você pode até se passar por um falante de alemão nativo quando usá-las.

Das ist ja toll!

(das ist ia tol)

(Isso é ótimo!) Essa é a maneira alemã mais comum de expressar sua animação com alguma coisa.

Ruf mich an!/Rufen Sie mich an!

(ruf micH an/rufen zi micH an)

(Me liga! [informal/formal]) Se quiser manter o contato com alguém, use essa expressão.

Was ist los?

(vas ist los)

(O que está acontecendo?) Essa pergunta é usada mais comumente no sentido de "Qual é o problema?".

Keine Ahnung

(kai-ne a-nung)

(Não tenho ideia.) Essa frase é a versão mais curta de **Ich habe keine Ahnung** *(icH Ha-be kai-ne a-nung)* (Não tenho ideia) e é frequentemente usada para expressar que você não sabe nada sobre o assunto em questão.

Gehen wir!

(gue-en vir)

(Vamos!) Use essa frase se quiser ir andando.

Nicht zu fassen!

(nicHt tzu fas-sen)

(Não consigo acreditar!) Se quiser expressar descrença, preocupação ou agitação, tente essa frase alemã típica.

Du hast Recht!/Sie haben Recht!

(du Hast recHt/zi Ha-ben recht)

(Você tem razão! [informal/formal]) Essa frase é a maneira mais comum de expressar concordância em alemão.

Auf keinen Fall!

(auf <u>kai</u>-nen fal)

(De jeito nenhum!) Literalmente, essa expressão significa "Em nenhum caso!", e você a usa para deixar sua oposição bem clara.

Nicht schlecht!

(nicHt shlecHt)

(Nada mal!) Como em português, essa frase não significa só que algo não é nada mal — também é uma maneira reservada de expressar apreciação e aprovação.

Das ist mir (völlig) egal

(das ist mir [<u>voe</u>-lig] e-<u>gal</u>)

(Eu não ligo./Eu não me importo.) Você usa essa frase para expressar que não se importa se for de um jeito ou de outro, ou que não liga nem um pouco.

204   Guia de Conversação Alemão Para Leigos

Índice

SÍMBOLOS
ß, 16

A
acidentes, 183, 185
adjetivos, 23
advérbios, 25
ajuda, 107, 108, 163, 183
Alemanha, 76
alfabeto, 11
alfândega, 160, 162
aluguel de carros, 160
amenidades de hotéis, 179
ao ar livre
    interior, 136
    mar, 136
    montanhas, 134
    sobre, 133
aplaudir, 125
aplausos, 125
apresentação
    outros, 70
    você mesmo, 70
artigos
    definidos, 22
    indefinidos, 22
assistência, ajuda em
  compras, 107
Áustria, 76

B
bagagem, 162, 181
balé, 125
bebidas, tipos de, 98
Bélgica, 76

C
caixa de correio, 147
calendário e datas
    dias da semana, 56
    meses, 59
    períodos do dia, 56
    sobre, 59
câmbio de moedas, 63
caminhada, 133
cardápio
    acompanhamentos, 97
    bebidas, 98
    café da manhã, 95
    entradas, 96
    pratos principais, 97
    sobremesa, 98
    sopas, 96
carta
    enviando, 146
    expressa, 146
    registrada, 146
cartão de crédito, 118
cartão-postal
    enviando, 146
caso acusativo
    artigo definido, 44
    artigo indefinido, 43
    pronome pessoal, 42
    pronome possessivo, 45
    sobre, 41
    terminações adjetivas, 46
caso dativo
    artigo definido, 44
    artigo indefinido, 43
    pronome pessoal, 42
    pronome possessivo, 45
    sobre, 41
    terminações adjetivas, 46
caso genitivo
    artigo definido, 44

artigo indefinido, 43
pronome possessivo, 45
sobre, 41
terminações adjetivas, 46
caso nominativo
    artigo definido, 44
    artigo indefinido, 43
    pronome pessoal, 42
    pronome possessivo, 45
    sobre, 41
    terminações adjetivas, 46
cerveja, 91, 98
    tipos de
        cerveja draft, 99
        cerveja escura, 99
        cerveja lager amarga, 99
        cerveja lager menos amarga, 98
cinema, 122
clima, 85
cognatos, 5
    falsos, 7
comida
    cardápio, 95
        Acompanhamentos, 97
        bebidas, 98
        café da manhã, 95
        entradas, 96
        pratos principais, 97
        sobremesa, 98
        sopas, 96
    comer fora de casa, 90
    fazendo seu pedido, 99
    frutas e vegetais, 114
    pão e leite, 116

Índice   205

peixes e carnes, 115
refeições, 89
talheres, 90
Tankstelle [dica], 104
comprar comida
frutas e vegetais, 114
grupos de alimentos, 114
carne, 114
frutas, 114
massas, 114
peixe, 114
produtos de panificação, 114
vegetais, 114
locais
açougue, 114
loja de vinhos, 114
mercado, 114
mercearia, 114
padaria, 114
supermercado, 114
Tankstelle [dica], 104
pão e leite, 116
peixes e carnes, 115
quantidades, 117
comprar ingressos, 122
comprar roupas
cores, 110
experimentando, 111
femininas, 109
masculinas, 109
sobre, 108
tecidos e estilos, 110
unissex, 109
compromissos, 144
conexão de trem, 155
consoantes
combinações, 17
pronúncia, 15
construção de frases
cláusulas dependentes, 27
cláusulas independentes, 26

ordem da, 26
pergunta, 27
sobre, 25
consulado, 160, 195
cores, 110
cumprimentos e apresentações
como vai você?, 69
de onde você é, 73
descrevendo seu trabalho, 79
dizer seu número de telefone, 81
falando sobre a família, 82
falando sobre o clima, 85
falando sobre si mesmo, 79
nacionalidades, 75
oi e tchau, 68
passando seus contatos, 81
quais idiomas você fala, 77
sobre, 68

D
datas, 59
dias da semana, 56
dinheiro
câmbio de moedas, 63
sobre, 63–66
direitos no exterior, 195
dirigindo, 170
placas de trânsito, 171
ditongos, 14

E
embaixada, 161
emergências
acidentes, 183
ajuda, 184
hospitais, 186
médicos, 186

problemas, 184
enviando carta, 146
enviando e-mail, 146
enviando fax, 146
escritório, 148
jargões de, 150
materiais de, 149
esportes, 131
EUA, 76
exames médicos, 188
expressões favoritas
bom apetite!, 198
concordo, 199
de jeito nenhum!, 203
eu não me importo, 203
exatamente, 199
inacreditável!, 199
isso é ótimo!, 201
me liga!, 202
nada mal!, 203
não consigo acreditar!, 202
não tenho ideia, 202
para mim basta!, 199
qual é o problema?, 202
que lindo!, 199
sem problemas, 198
tudo bem!, 197
vamos!, 202
você tem razão!, 203
expressões populares, 18, 19

F
falando sobre a família, cumprimentos, 82
falsos amigos. *Veja* cognatos falsos
família, 82
família, membros, 82
fazendo compras, 103–120
de roupas, 108
em mercados, 114
horário de funcionamento, 104

206 **German Phrases Para Leigos**

informações, 105
pedindo ajuda, 107
perguntando o preço, 118
tipos de locais
área de pedestres, 104
butique, 103
livraria, 103
loja de departamentos, 104
loja especializada, 104
mercado de pulgas, 104
quiosque, 104
Tankstelle [dica], 104
França, 76
frutas, 114

G
grama, 117

H
hobbies, 121
horas
sistema de 12 horas, 54
sistema de 24 horas, 55
sobre, 54
hotéis
amenidades e instalações, 179
chaves, 178
check-in, 176
check-out, 181
duração da estada, 177
formulário de registro, 177
pagando a conta, 181
reservando quartos, 174
serviços, 179
sobre, 173, 179
tipos de, 174

I
imigração, 161
Inglaterra, 76
inversão do verbo, 26
Itália, 76

L
lazer, 121–138
cinema, 122
esportes, 131
festa, 128
hobbies e interesses, 130
museu, 124
natureza, 133
ópera e teatro, 124
show, 126
ligando para uma pessoa, telefonando, 141

M
médicos, 186
condições especiais, 187
descreva o que incomoda, 186
diagnóstico, 190
exames, 188
partes do corpo, 189
tratamento, 191
meses, 59
moeda, câmbio, 63
montanha, 134

N
nacionalidades, 75
natureza, 133–138
interior, 136
mar, 136
montanhas, 134
números
cardinais, 49
ordinais, 52

O
Oktoberfest, 91

P
palavras a saber/palavras-chave, 63, 64, 72, 78, 82, 95, 101, 107, 113, 118, 119, 123, 125, 132, 135, 144, 147, 153, 155, 156, 157, 161, 180, 182, 185, 191
partes do corpo, 189
passagem
de ida e volta, 152
de trem, 155
só de ida, 156
passaporte, 160
pesos e medidas, 117
placas de trânsito, 171
polícia
direitos no exterior, 195
perguntas da, 194
roubo, 193
sobre, 193
pontos cardeais, 168
posição ou localização, 166, 167
pontos cardeais, 168
pronomes
pessoais, 37
possessivos, 45
reflexivos, 37, 38
sobre, 37
pronúncia
combinações de consoantes, 17
consoantes, 15
ditongos, 14
tremas, 13
vogais, 12

R
refeições, 89
restaurantes
cardápio, 95
fazendo reservas, 92
fazendo seu pedido, 99
pedindo a conta, 100
tipos de

Índice 207

bar-restaurante, 92
cafeteria, 92
comida caseira, 91
em prédios
históricos, 91
Oktoberfest, 91
restaurante de
estrada, 91
restaurante de fast-
food, 92
restaurante local, 91
salão da cerveja, 91
salão de vinho, 92
retornar ligação, 141
roupas femininas, 109
roupas masculinas, 109

S
série, números em, 52
substantivos
femininos, 22
masculinos, 22
neutros, 22
sobre, 21
Suíça, 76

T
tecidos, roupas, 110
telefonando
deixando recados, 142
dizendo tchau, 142
fazendo ligação, 141
marcando
compromissos, 144
marcando uma
consulta, 145

sobre, 139
tempo verbal
futuro, 35
particípio passado, 33
passado perfeito, 29
passado simples, 34
presente, 28
sobre, 28
terminações adjetivas,
casos, 46
trabalho, 139–150
deixando recados, 142
dizendo tchau por
telefone, 142
enviando e-mail, 148
escritório, 148
jargões de, 150
materiais de, 149
fazendo ligações, 141
marcando
compromissos, 144
pedir para falar com
alguém, 140
transporte
alfândega, 162
como chegar lá, 165
direções, 163, 164, 167
dirigindo, 170
imigração, 161
passaporte e visto, 160
placas de trânsito, 171
posição ou localização,
166
tipos de, 151
avião/aeroporto, 152

carro alugado, 158
ônibus, 156
táxi, 158
trem, 154
trema, 13

U
Umlaute. *Veja* trema
Usando Gestos,
Uso Adequado das Sílabas

V
verbos
inversão dos, 26
no infinitivo, 24
reflexivos, 37, 38
regulares, 24
separáveis, 37
sobre, 24
viagem, 162
ajuda com direções, 163
alfândega, 162
imigração, 161
passaporte e visto, 160
vinho, tipos de, 98
visto, 160
vogais, pronúncia, 12

Z
zona de pedestres, 171